新潮新書

伏見憲明

FUSHIMI Noriaki

新宿二丁目

818

新潮社

序章

新宿通りから太宗寺の方に折れた角に、長らく古書店があった。昭和二十年代の地図にはそこに書店らしき名前が見つけられるので、経営者は異なっていたにせよ、そこに七十年くらいは本屋があったはずだ。それが二〇一八年、気づけば閉店していて、新しいビルに建て替えられようとしていた。その工事の囲いを見て、私は地団駄を踏んだ。というのは、その直前に、岡上哲夫著『新宿路地裏わかれ道』（一九八六）という戦後の赤線時代を題材にした小説を読んで、そこに、この店舗らしき古書店についての記述があり、その内容の真偽を確かめたかったからだ。

「太宗寺に折れる曲り角まで来て男は停った。暗い横路の奥に寺の門が見えた。
『ここがわしの住んでいるところでね』

男は角の店に近づき、ガラスの表戸に手をかけた。滑りのわるい戸がきしんだ音をあげた。そこは古本屋だった。

（略）電灯の消えた店内は本の厚い壁に囲まれていた。

（略）男は床板をはねあげた。足もとに、人が一人もぐれるぐらいの四角な穴が出現した。男は腰をおとし、足の方からそろそろと穴の中に降りていった」


すると、地下には十畳もの空間が広がっていて、登場人物の「男」がそこで暮らしているという。なんでもその穴ぐらは、明治時代の初めには賭博場だったらしく、官憲の手入れがあった際には、そこから太宗寺に通じる地下道をつたって、墓を装った抜け穴から逃げることができた、というのだ。

もちろんこれは小説で、書かれていたことは作者の想像の産物かもしれないが、この作品は全体的に事実に即した私小説の趣があり、もしかしたら本当にそこには地下空間が存在していたのではないか、という空想を私は拭うことができなかった。

だから、建物が取り壊されて基礎工事がなされている最中、その跡地を通りかかる度に、地下の空間が露出して見えないものかと首を伸ばして覗いてみたのだった。結局、それを確認することはできず、事実は闇のなかである。

そして、その書店にはもう一つ興味深いところがあった。本屋の入り口は新宿通りに面してあったのだが、太宗寺のほうに道を曲がった側面には、かつてヌードスタジオだったと思われる店構えが遺っていたのである（写真）。外装には〝プレイスポット デイトライン〟の文字があり、客が外から覗くために設けられたと思われる出窓と、出入り口の扉が遺跡のようにそこにあった。

ヌードスタジオ跡

ヌードスタジオとは、一九五八年の売春防止法の後に流行った風俗店で、そこで肌を露出した女性を写真撮影したり、場合によっては撮影の名目でモデルの女性をホテルなどに連れ出し、買春ができるシステムになっていたという。新宿二丁目には赤線が廃止になって以降、一九六〇年代から七〇年代にかけて数十軒もが軒を連ね、私が最初にこの街に足を踏み入れた八〇年代の初頭ですら、その最後の残り火を目にすることができた。その〝遺物〟が二十一世紀に入って二十年近くも経っていたにもかかわらず、奇跡のように姿をとどめていたのである。それはまさに、かつてこの街が異性愛男性の風俗街だった頃の〝つわものどもが夢の跡〟。

新宿二丁目は江戸時代には内藤新宿の宿場町の中心で、四谷大木戸から追分（現在の三丁目交番付近）にかけての甲州街道沿いにあった妓楼は、男たちの遊興の場として人気を集めた。明治になってもそれは続き、大正期には、街道に点在していた妓楼が新宿遊郭として現在の二丁目の一所に集められ、関東大震災を経て、大いに栄えた。第二次世界大戦を挟んだ戦後にも、赤線・青線の色街として男たちの足を盛んに誘ったが、売春防止法が施行されると、灯の消えた街に、今度は男性同性愛者たちが進出してくる。とはいえ、六〇年代、七〇年代にはまだ、先のヌードスタジオやトルコ風呂（現在のソープランド）もあって、異性愛男性の風俗店とゲイバーは共存していたが、八〇年代にもなると後者が前者を圧倒していく。今日でもソープランドは数軒、靖国通り沿いに存在するが、世間一般の印象としては、あるいは実態としても、新宿二丁目がゲイバー街と目されるようになって久しい。

多様化する「新宿二丁目」

そんな街に私がやってきたのは一九八一年、高校三年生の夏休みだった。週刊誌の記事でそこにゲイ・ディスコなるものがあることを知り、親が旅行でいない夜を見計らって、勇気を振り絞って冒険に来たのだった。それはまさに決死の覚悟といえた。自分の〝性癖〟（〝セクシュアリティ〟などという価値中立的な言葉は当時一般化していなかった）をひとに知られるのを恐れながらも、湧き上がる欲求に背中を押され、股間に期待を膨らませて向かった先は、ゲイが集まるMAKO IIというディスコだった。新宿駅から歩いてたどり着いたその少し鄙びた区域は、光もまばらな印象で、ひとの気配もあまりしなかった。けれども、一度扉を開けば、ディスコのなかは若者たちで溢れんばかりの盛り上がりで、しかもそこにいたのは想像していた〝変質者のホモ〟とはほど遠いおしゃれな男子たちだった。変態の連中につきまとわれるのではないか、という恐れは杞憂に終わり、その空間での私は、声をかけるのもしのびない田舎の高校生にすぎなかった。

あれから四十年近くも経ち、この街の様子もずいぶんと変わった。まずもって、全体が明るくなった。街には光量が増し、週末ともなれば仲通りは人出で賑わうようになった。ハロウィンの夜などはまるで交通渋滞のようなお祭り騒ぎである。

振り返ってみれば、昔は路上にひとが溢れ出すなどということはほとんどなく、そんな雰囲気になったのは九〇年代も後半になってからのことだった。通りに面したあるバーで、ドラァグクィーンのイベントが外に開かれた形で行われていたことの衝撃を、当時私は雑誌に書き記している。そのような光景を初めて見たから驚いたのである。二〇〇〇年代になるまでは店内とは裏腹に、通りはいたって静かなものだった。ところが、近年、自分でゲイバーの経営をしはじめてからの実感としては、夏場など店のなかより外のほうがよほどひとがいるじゃないか、と思えてならない。

かつては二丁目に出入りすることは他人に知られたくない事実だったが、現在では、LGBT（同性愛のレズビアン・ゲイ、両性愛のバイセクシュアル・性別越境の指向を持つトランスジェンダーの略）に対する認識や人権意識も広がり、また、ある種の〝観光地〟として、同性愛者ならずとも多様なひとが押し寄せるので、それほど街の出入りで人目を気にすることもなくなった。初めて来訪したときの私のような「決死の覚悟」は、滑稽な過去の思い出となったのである。

一方で、インターネットの発達やゲイ向けのアプリなどが開発され、もはやゲイにとって出会いは、ゲイバー（やハッテン場）でなくても可能となり、わざわざこの街に足を運ぶ動機は薄れている。それにゲイに限らず、昔のように習慣的にバーやスナックへ通うのは旧世代の文化で、若いひとたちが酒にお金を使うのは、たまに居酒屋へ行くときくらいなのではないか。

これは私の印象にすぎないが、新宿二丁目の経済において男性同性愛者が落とすお金の割合は減少してきて、もはや異性愛の男女の財布なしではこの街は支えられなくなってきているようにも見える。ここでシェアを持つ酒店、藤原商店の営業、山口三博氏は私の取材に近年の変化について語っている。

「ここ十年くらいで、銀座や歌舞伎町からホステスやキャバ嬢を連れて来る男性客が目立つようになり、彼らを接客する〟観光バー〟や〟ミックスバー〟が増えていると思います」

酒店の実感は、街のリアルの一端を反映しているだろう。山口氏の言葉通り、昨今、二丁目の中心にある交差点付近で、〝観光バー〟の客引きをしている女装の店員の姿を見かけることも少なくない。そうした一般客目当ての行為は、かつては目にすることがなかった。

もちろん現在でもまだ男性同性愛者が二丁目のバーの客の多くを占めることは間違いないが、他の性的マイノリティや、ストレート（異性愛者）の男女の来客は数を増し、海外からの観光客の姿も目立ってきている。といった現状を顧みると、ここは男性同性愛者らが集まる〝ゲイタウン〟というより、〝ゲイバー等を目的にやって来るひとびとが集まるゲイバー街〟、といったほうが実態をいい当てているかもしれない。実際、ゲイたちが多く居住している生活空間ではなく、彼らのほとんどが夜の来訪者でしかないし、それ以外の時間帯は一般の商店や居住者が多くを占めるということからも、二丁目イコール〝ゲイタウン〟という物言いは現実にそぐわない。

そして〝ゲイバー〟といわれている、あるいは思われているバーも、その内実は多様で、男性同性愛者が性的な相手を求めたり、同じセクシュアリティの知己と交友を深めるのを目的にしているゲイ（ホモ）バーもあれば（これが数の上ではいちばん多い）、経営者やスタッフがゲイで、その話術や接客を求めてゲイでない方々が飲みに来るいわゆる〝観光バー〟もある。あるいは、女性も「入店可」のゲイ（ホモ）バーもあれば、もっと積極的に多様なジェンダー、セクシュアリティを客層に設定している〝ミックスバー〟もある。一般のひとが〝ゲイバー〟という言葉によって想起するであろう女装のママが店主をしているバーや、男性から女性へのトランスジェンダーが集まる〝女装バー〟などもある。しかし世間一般の想像とは異なり、そうした女装系の店は二丁目の主流ではない。

他にも、〝マッサージボーイ〟を店に置く売り専や、レズビアンが集うレズビアンバー、ゲイナイトなどが催されるクラブ、スタッフが性的マイノリティであるだけでとくに顧客が限定されていない飲食店などもある。

こうした多様化の傾向は、社会の変化や、性的属性の細分化の傾向と連動しているところもあって、もはや一言で何が〝ゲイバー〟かをいい表すのは難しい。私自身が経営するバー、**A Day In The Life**も、一応ゲイバーを標榜しているが、内実は、ゲイを中心としたゲイ・ミックスバーで、たぶん、客層の七割がゲイで、あとの三割が他の性的マイノリティや、ストレートの男女という割合になっている。売り上げ的には非ゲイ客が五割くらいになるかもしれない。男性同性愛者たちが中心のゲイバーは、男女のスナックなどよりも価格が安く設定されてきた歴史があり、一般の飲み屋文化に慣れた異性愛男性のほうが、客単価も高くなる傾向があるからである。あるいは、高いシャンパンなどを入れてくれるキャリア女性によって、ゲイ客だけでは回らない経営がどうにか維持できているのが、今の私の店の状況だったりする。

そう考えると、もはや、ゲイ客が多いからゲイバーとして成り立っているともいえず、ゲイバーを必要としているお客様によって可能になっているのがゲイバーである、としかいい得なかったりもする。ゲイ客だけで十分に回せるゲイバーも少なくないが、ゲイたちの出会いの場がバーからネットへ移行してしまったことで、今後は益々こうした業態は困難になっていくのではないか、と予測するのは私だけではないだろう。

世界でも例外的な空間

このようにゲイバーの現実は複雑化しているので、その総数をカウントすることは益々難しい。「二丁目には何軒、ゲイバーがあるのですか?」という質問はしばしばなされるが、その答えは明確にはいえない。まず、どこからどこまでがゲイバーで、という線引きが容易ではないし、店主がどのように店を定義しているのかをすべて確認することも非現実的だからだ。あるいは、そこに集う客によってその店がどのようなジャンルだと認識されているかも、一様ではないだろう。

数少ない新宿二丁目の研究、砂川秀樹著『新宿二丁目の文化人類学』には、二〇〇一年の時点で、広義のゲイバーの数が約三百三十軒とある。これは保健所に届けられたスナックの数と、ゲイ媒体などに明記されたものなどから割り出した軒数という。

それから二十年近く経った二〇一九年現在、G-click というゲイ向けのサイトに登録されている二丁目のゲイバーの数は三百八十一。そこに入っていないバーも少なからずあると想像できるので、実数はそれ以上のはずだ。また、ゲイバーとは別に、レズビアンバーや女装系のバーも合わせて三十軒くらいになるはずなので、それを足すと、四百軒以上のLGBT関係のバーがあるという計算になる。分類のはっきりしないミックス系のバーの存在なども考慮すると、LGBT関係で四百五十軒くらいにはなるのかもしれない。

また、二〇一八年に、警察に届けられている新宿二丁目の飲食店の内訳は、「接待飲食等営業」二十三、「特定遊興飲食店営業」三、「深夜酒類提供飲食店営業」六百七十二となっている。「接待飲食等営業」と「深夜酒類提供飲食店営業」は重複して届け出がされている場合があり、加えて閉店したのに登録が抹消されていないケースも多々あるため、正確な総数はわからない。

長くゲイバーを営む事情通の経営者と、警察の資料とネット検索を使って店の数を割り出してみると、およそ二百六十六軒のゲイ関連の店（クラブなどを含む）がこの街に現存することがわかった。が、そもそも「深夜酒類提供飲食店営業」の届けを警察に出していないバーも相当数あるらしく、やはり、三百をはるかに超えるゲイバーに、レズビアンバーや女装系のバーなどを加えると、四百軒くらいのＬＧＢＴ関連の店が存在していると推測できる。多くのバーと交流がある事情通の感触でもそのくらいの数に上るはずだという。

靖国通りや新宿通り、御苑大通りなどに囲まれた、東西約三百ｍ、南北約三百五十ｍの区画のなかに、それだけのＬＧＢＴ関連のバーなどが密集してあるのだから、それは極めて特徴的で、例外的な空間であることは間違いない。世界中見渡しても、そんなに性的マイノリティの店が凝縮されたエリアは存在しないだろう。そして、そこにはＬＧＢＴはもとより、ストレートの客や一般の商店、住人までが共存しているのだから、まさに多様な文化が根づいた街だということもできる。

新宿二丁目から「三丁目」へ

そう、新宿二丁目は繁華街であるだけでなく、まさに「多様性」や「包摂」という昨今の時代的なキーワードを街ごと体現しているのである。もちろんそれは他と比べたら、という相対的な評価にすぎないのではあるが、ここに一つ誇るべき文化があることは間違いない。当然、この街にだって排他性もあるし、安全面で問題がまったくないわけではないが、銀座にも六本木にも渋谷にも、そしてお隣の歌舞伎町にもない個性がここにはある。

そのような街がどのようにして形成されてきたのか、という問いが本書を貫くテーマだ。江戸時代以降の伝統的な風俗街から、なぜ男性同性愛者の欲望を中心としたゲイバー街が立ち現れたのか。それもたった十年足らずの間に。これは実に興味深い現象である。

その答えは一つではないし、またこの本で私が挙げたいくつかの要因や背景だけでは事足りないのは明らかであるが、そのことを読者と一緒に考えていきたいのだ。だから、ここに最終的な解を用意しているわけではないし、そんなちょっとやそっとのことでこの街の変容の謎は解きようもないだろう。

「なぜ、どのように、そしていつ頃、新宿二丁目は〝二丁目〟になったのか？」

当初はもう少し簡易な新宿二丁目ガイドを書くつもりではじまった本書の執筆であるが、いつのまにか私はこの問いに惹き込まれ、何かに導かれるように次々と新しい手がかりを与えられる道程をたどることとなった。そして、自分が四十年も通い続け、また近年では生活の糧まで得ているこの街について、こんなに何も知らなかったのか、という驚きや反省とともに、新宿二丁目が積み重ねてきた歴史の重みや、そのユニークな文化を改めて考えさせられる時間を過ごすことにもなった。

読者の皆さんと、そんな問いの旅路の過程をご一緒できたら幸いである。今回は「なぜ、どのように、そしていつ頃、新宿二丁目は〝二丁目〟になったのか？」というテーマに絞った内容になっているので、終戦後から一九六〇年代末くらいまでの期間にスポットを当てている。現在のこの街の原型は、一九七〇年代初頭にはすでに出来上がっているといっていいからである。よって、本書では男性同性愛者のバーを中心に扱っていて、レズビアンバーなどについての言及はほぼない。そうした側面についてはまた別の機会に、一九七〇年代以降も含めての二丁目の研究書として形にしたい。

私の二丁目探求の旅はまだ終着点にはほど遠いので、本書はあくまで途中経過の報告にすぎないが、その取材・調査の概要をここでご案内できることを嬉しく思っている。それだけでも十分、この街の魅力を伝えられるはずだからだ。私自身、知れば知るほどこの街が好きになった。だから、本書によって新宿二丁目がさらにひとびとに愛され、多くの皆さんが訪れるようになることを期待して、拙い案内をはじめることにしよう。

まずは、ゲイバーとは何か、というあたりから筆を進めたい。この国で、二丁目以前にゲイバーというものが形作られるに至った過程についての物語である。

新宿二丁目●目次

序章　3

第一章　〝ゲイバー〟はいつ日本にできたのか　26

「夜曲」か「ユーカリ」か／江戸川乱歩と萩原朔太郎／文壇バーとしての顔／ジャズシンガーにしてスパイ？

第二章　伝説のゲイバー・ブランスウィックの二つの顔　38

ゲイバーとして、ジャズ喫茶として／エノケンとも踊った浅草の芸人／戦前、戦中、戦後を乗り越えて／美輪明宏、野坂昭如、三島由紀夫／そして伝説のゲイバーへ／消えたケリーの行方

第三章　「二丁目」のきっかけとなったイプセン　58

同性愛が何であるかはわかっていた／脚本家としての成功／男色酒場／次々に誕生したゲイバー／遺言は「人に頼るな」／夜曲殺人事件

第四章　淫風の街　84
遊里目的の宿場／花園神社の同性婚／牧場から貸座敷へ／赤線時代

第五章　よそ者たちの系譜　100
ゲイバー以前の二丁目／古着屋から不動産屋へ／浮き沈みの激しい業界／山原の舞姫／白系ロシア人、台湾人／あからさまな対立はなかった／ルーツへの眼差し／娼家での着付けの仕事／「吹き溜まり」としての新宿／新宿の鎮守、山田歌子さん

第六章　零落の時代　134
二丁目のママになった大女優／上り坂の歌舞伎町／神社が消えた日

第七章　「要町」と呼ばれたエリア――分断された街　144
御苑大通りこそ明治通りの本線だった／二丁目内の対立／「結界」が生まれた／二丁目は「川向う」／三丁目の方が先だった

第八章　ゲイバー街の成立条件　158
ゲイバーに必要な立地条件／「一気に」とはいえない／厳然とあった差別／新宿と池袋の違い／なぜ風俗街にならなかったのか／七〇年代でも薄かったゲイの街という認識

第九章　ハッテン場の持つ磁力　183
「蘭屋」の商才／多くのハッテン場があった新宿／「花の吉原、男の権田原」／ハッテン場としてのゲイバー街／初のゲイバー組合

第一〇章　アングラ文化の渦中で花開く　202
カウンターカルチャーの拠点／ロラン・バルトの地図／『毛皮のマリー』『薔薇の葬列』／重なり合うゲイカルチャーとカウンターカルチャー／アナーキーで混沌とした街

第一一章　平凡パンチの時代　220
団塊世代男子のバイブル／同性愛は一過性？／〝体制〟への対抗思想として／表紙に「ホモの集まる店おしえます」／ストーンウォール事件を報じる／新宿そのものが解放区

終章 248
参考文献 267

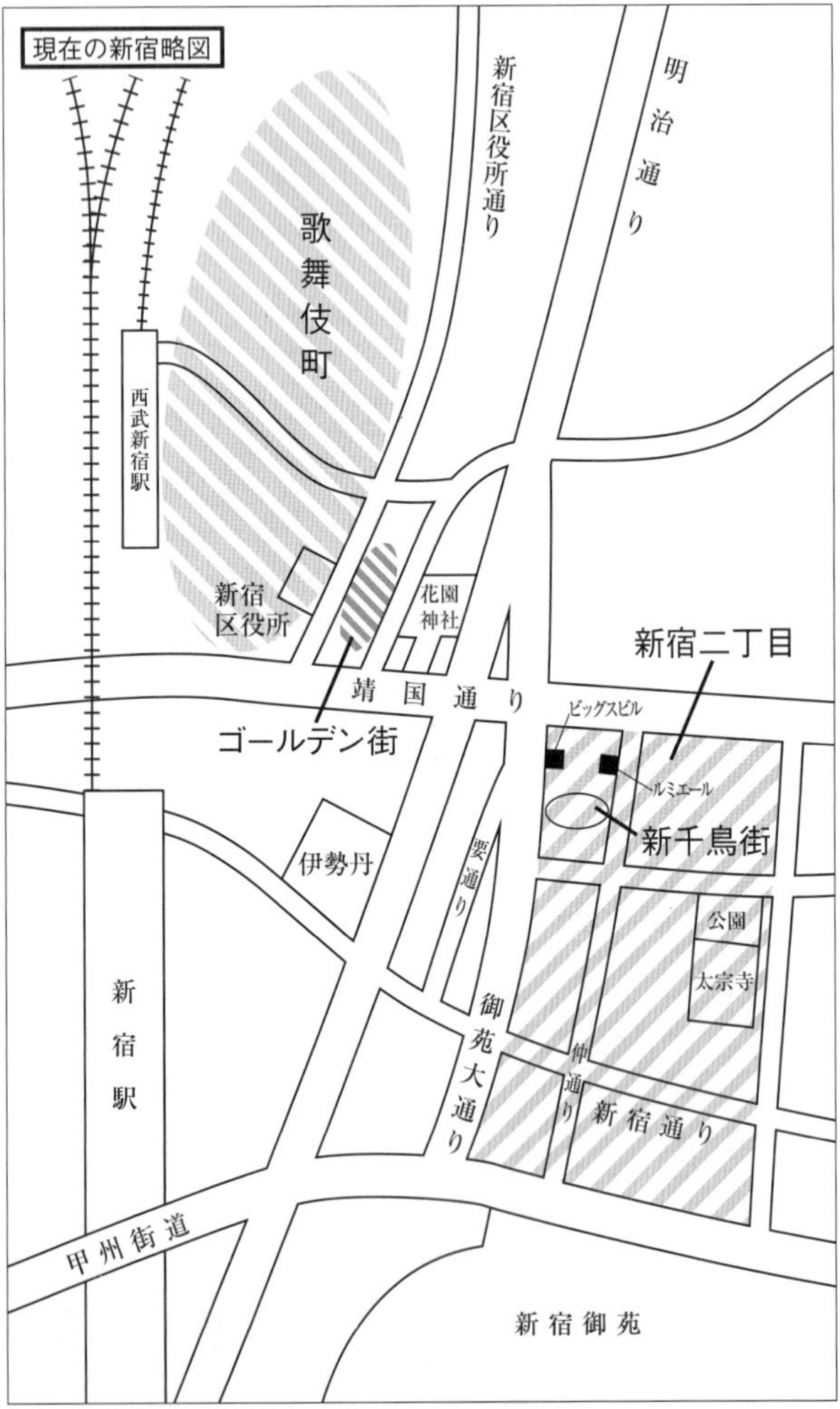
現在の新宿略図
新宿区役所通り
明治通り
歌舞伎町
西武新宿駅
新宿区役所
花園神社
新宿二丁目
靖国通り
ビッグスビル
ゴールデン街
ルミエール
新千鳥街
伊勢丹
要通り
公園
太宗寺
御苑大通り
仲通り
新宿通り
新宿駅
甲州街道
新宿御苑

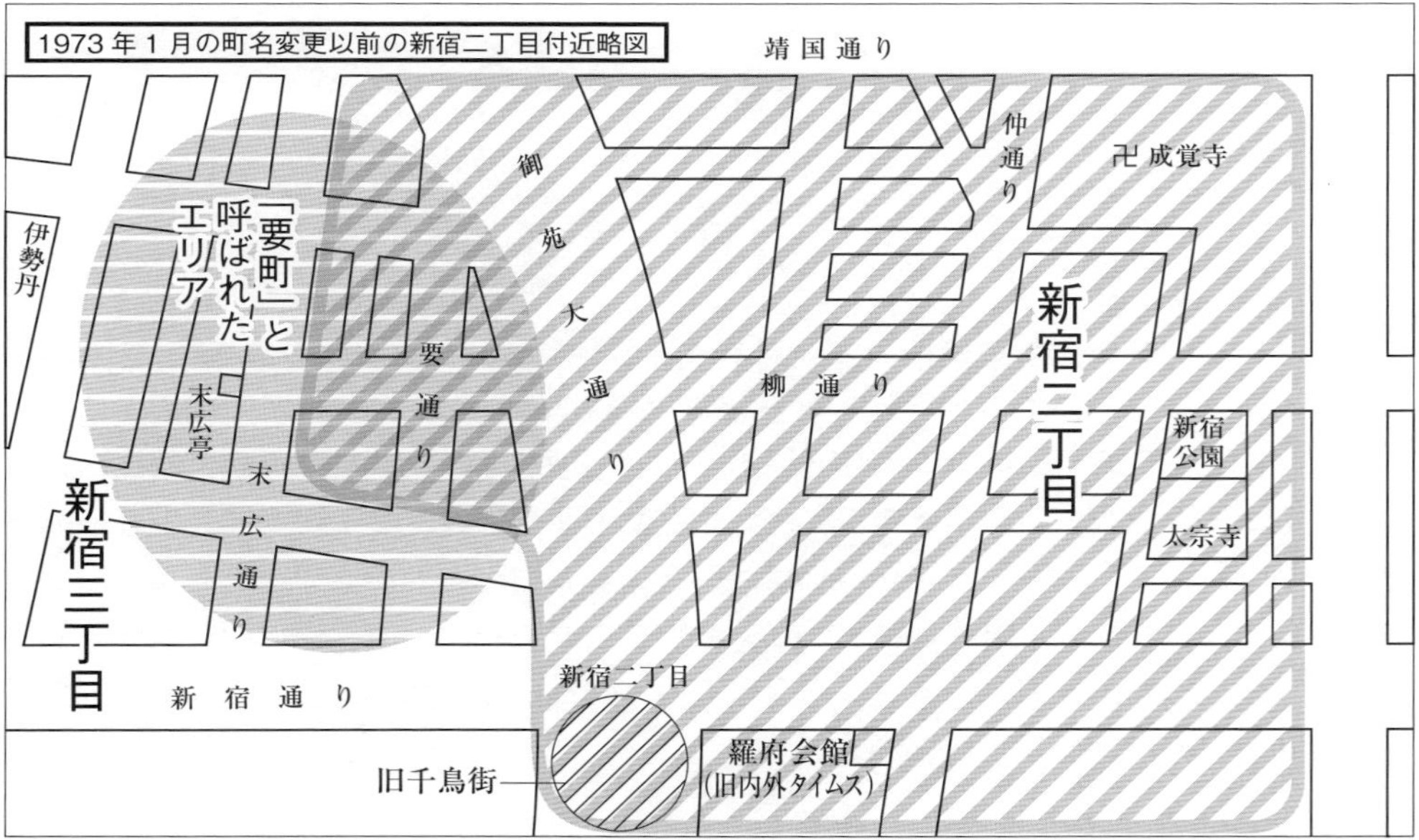
1973年1月の町名変更以前の新宿二丁目付近略図
靖国通り
仲通り
卍 成覚寺
御苑大通り
柳通り
新宿二丁目
新宿公園
太宗寺
「要町」と呼ばれたエリア
伊勢丹
要通り
末広亭
末広通り
新宿三丁目
新宿通り
新宿二丁目
羅府会館
(旧内外タイムス)
旧千鳥街

第一章　〝ゲイバー〟はいつ日本にできたのか

「夜曲」か「ユーカリ」か

〝ゲイバー〟という呼称は戦後のものだが、経営者が（今日でいうところの）〝男性同性愛者〟や〝ＭｔＦトランスジェンダー〟（男性から女性への性別越境の指向を持っている人）だった酒場や待合なら戦前からあったし、そこには同じような性の傾向を持った人々が集まっていたかもしれない。浅草や上野、新宿にはそれらしき店の記憶が僅かながら残っている。堂々と営業するのははばかられた時代だったから、わかるひとにはわかるかたちで、夜陰にまぎれるようにやっていたはずだ。そういうことを知る手がかりとなる資料はほとんど残されていないのだが、戦前の「犯罪科学」という雑誌記事にこんな記述がある。

「新宿駅前を東大久保の方へ向って行ったとある横丁に、ささやかなバアがある。あくどい花の名前のバアだから誰でも審べようと思えば直ぐ判る。

そのバアは、曽我廼家五郎一座の女形某が経営しているもの。斯う書き出せば、もう其処が隠れたる男色の組合の一角だということが分ろう。

（略）薄暗い部屋の中をグルリと見廻す。毎時もの連中だ。少女雑誌の表紙を描いている、挿絵画家として有名なO、貧乏華族のR、音楽家のT、それから。皆んなサバトの連中だ。詩人のKが、美少年を伴れて入って来た。そっと二階へ上って行く。が、みんな知らん顔をしている」（魚大學「女形行状記」昭和六年八月）


これは、たぶん、**夜曲**のことと思われる。「あくどい花の名前」というのが何なのかよくわからないのだが、夜曲は昭和初期、日本橋あたりから新宿へ移ってきて、最初は現在の新宿文化センター（新宿区新宿六丁目）あたりに店を構えたらしいので、この東大久保という場所は外れてはいない。夜曲の経営者は、それ以前に女形をやっていたということはよくいわれることで、またそれが曽我廼家五郎一座だったという噂もある。あるいは、そのバーが**ユーカリ**（後述）であった可能性も否定できない。こちらも場所が現在の歌舞伎町で、当時は東大久保が示す範囲ともいえるし、また経営者も元女形であった。いずれも、現在の新宿二丁目の範囲ではない。

夜曲は戦後、ゲイバー一号店として新宿駅前、現在のアルタ裏に出店する。戦中まで角筈（現在の歌舞伎町）で賑わっていたユーカリのマスターが引退をしたことがきっかけで、駅近くに進出したらしい。ユーカリと夜曲のマスターはともに女形出身の先輩後輩の仲で、交流があった。私の取材によると、戦後、夜曲と**イプセン**（第三章参照）のマスターは一緒に、ユーカリのマスターが隠居した熱海に遊びに出かけたこともあり、引退したユーカリのマスターはお手伝いさんの女性と二人暮らしで、周囲はそれを老夫婦だと勘違いしていたという。

そのユーカリであるが、戦前から同性愛（男色）を好む男たちが集まっているバーだった。私はかつて、イプセンのマスターへの取材で知り得た情報で、そのようなバーだったことを「ゲイの考古学」にも記し、戦時中に女装で営業をした際にはマスターが警察にしょっ引かれていった、というエピソードも紹介した。

江戸川乱歩と萩原朔太郎

そして近年、安智史・愛知大学短期大学部教授の研究により、昭和六年には江戸川乱歩や萩原朔太郎などもユーカリに来ていたことがわかった。朔太郎から乱歩への往復書簡に、

「昨夜のユーカリは特別に面白く、お影様にて未知の猟奇趣味を満吃しました。稲垣君にも近く御紹介申すべく、尚、小生方へも御遊びに御出で被下御待ち致します。（略）小生は自分に関して秘密主義を守り、友人等にも一切自巳をかくしてゐる性分ですから、成るべく他人には御内密に御願ひ致したく折入ってお願致します」（江戸川乱歩宛書簡。萩原朔太郎一九三一年十月十六日、誤字はそのまま）

とあり、朔太郎は乱歩に連れられてユーカリにやって来て、以来、常連になったようだ。萩原朔太郎はこの文面から察するに、あるいは彼の詩にもその傾向が表出しているが、同性愛の傾向があったようだ。書簡の文面からも、自身のセクシュアリティにうしろめたさを抱く近代的な同性愛者の影がある。

江戸川乱歩は戦後もゲイバーにはよく現れていて、**ブランスウィック**やイプセン、**蘭屋**といった、後述する著名な店にも目撃談が残っている。一九二九〜三〇年にかけて雑

誌「朝日」に連載された彼の小説『孤島の鬼』は同性愛を大胆に扱っていて、日本のゲイ文学の嚆矢といっていい作品だ。乱歩はまた男色研究の草分けとなった岩田準一と交流を持ち、同性愛に関する資料の収集や研究に力を注いだ。またその作品は、戦後の代表的な探偵小説であり同性愛を題材にもしている『虚無への供物』の著者、中井英夫などにも大きな影響を与えた。南方熊楠と交流があった岩田準一。岩田と交流があった江戸川乱歩。乱歩と交流があり、私淑していた中井英夫。中井と生涯のパートナーであり、戦後初のゲイメディア「アドニス」の主宰者だった田中貞夫。そして、田中の「アドニス」の増刊号に偽名で寄稿した三島由紀夫……という同性愛の近代史に、江戸川乱歩は外せない人物として位置づけられる。

文壇バーとしての顔

さて、このユーカリというのは興味深いバーで、実は、ゲイバーの顔とは別に、文壇バーとしても非常に有名な店だった。そちらの顔では、店主は元女形の男性ではなく、ヨッチャンという若い少女が切り盛りしていたことで知られていた。直木賞作家、立野信之もプロレタリア文学に傾倒した昭和初期にこの店に通っていた。

「その頃、東中野駅前に『ユーカリ』という酒場があって、そこにヨッチャンとよぶ十七、八の可愛らしい小娘がいた。女主人の娘で、横光利一が例の大げさないい方で、『東京で一番可愛らしい娘さんだ』といったというので、かなり文士の間では有名になっていた。わたしがその酒場を知った時分は、村山知義と林房雄がしげしげと通っていた。吉行淳之介の亡父吉行エイスケもまだ若くて、よくそこにきていた」（立野信之『青春物語――その時代と人間像』）

ユーカリはその後、東中野から新宿の歌舞伎町（当時は角筈）に移転して、先に記したように、そこに萩原朔太郎や乱歩が来たのだろう。紀伊國屋書店を立ち上げた田辺茂一も回想録でこの店について触れている。

「昭和八年十月、私が雑誌『行動』を創刊し始めた頃、その頃一番人気だった横光利一氏が社に寄られたので、氏を案内して、このユーカリに誘ったことがある。

酒を飲まない横光さんが、一緒にきてくれたことを、随分私は光栄に思ったりした」

（田辺茂一『わが町・新宿』）

立野信之の記述からすると、横光利一はすでにヨッチャンとは面識があったはずなので、そのことを田辺は知っていたのか知らなかったのか。酒を飲まない横光がユーカリに一緒に行ったのは、もしかしたら、田辺と行動をともにしたいからではなく、ヨッチャンが目当てだったのかもしれない。

それほどまでに文士たちの人気を集めたこの女性、実は、日本のジャズシンガーの草分けとなる水島早苗のことである！

弟子に佐良直美、金子晴美、水森亜土……など錚々たる歌手らが名を連ねるジャズ界の大御所。一般にはドラマ『悪魔くん』のオープニングの怪しい歌唱でも知られる。

彼女は一九〇九（明治四十二）年に父の赴任先の鹿児島で生まれ、その後上京し、立教女学院を卒業。若かりし日には時代の先端を行くいわゆるモガ（モダンガール）だった。彼女が亡くなった折の「週刊新潮」の追悼記事には、「いまでいう音楽喫茶の『ユーカリ』を、母親の援助で東中野に開店。学生、雑誌編集者や、林房雄、林芙美子、菊田一夫などの文士の〝溜り場〟になった」（昭和五十三年三月九日号）と記されている。

そのユーカリが東中野から新宿の角筈に移転した経緯が何だったのか、そしてどうして草野心平のエッセイなどでは主人は元女形だった男性となっているのに、横光らにはヨッチャンが店主と目されていたのか。

ゲイバーのユーカリと文壇バーのユーカリの二つが同じ店であることは、所在地などからも明らかで、さすがに町内に同じ店名の文壇バーが二軒はあるまい。ユーカリと懇意だったイプセンのマスター、松浦貞夫（故人）は、元女形の店主が引退するときに自分の姪の水島早苗に譲ったと、私の取材で証言している。水島早苗と元女形は血縁関係にあったようだ。

戦後の住宅地図で調べるとユーカリのところには「相良」という名も記されていて、それは水島早苗の本名でもあるが、元女形の男性の名字も「相良」だった可能性が捨てきれない。あくまでも想像ではあるが、水島の母と元女形のおじが共同出資をしていたか、あるいは、本当はおじの店の表看板を美人のヨッチャンということにして、ある種、カムフラージュでママ役を担わせていたか……。夜曲も戦前には女性の店員を置いていたというのだが、女性を隠れ蓑にすることで同性愛者らが集まりやすくなる、という効果を狙っていたという想像も、まったく否定できないものだろう。

ちなみに、水島早苗の弟子の佐良直美の名は、師匠の「相良」をもとに姓名判断で漢字を当てて読みを「サガラ」にしたものだという。その佐良直美は一九六七年にデビューし、『世界は二人のために』などの大ヒットを飛ばした。紅白の司会の最多タイ記録を持つほど芸能界で頂点を極めたが、同性愛にまつわるスキャンダルに巻き込まれ、また水島の死をきっかけに燃え尽き、引退した。その後、実業家に転身し、二〇一〇年にはCDをリリースして復帰も果たした。彼女は「佐良直美」の芸名を本名に改名したというのだから、師匠との絆の深さが窺える。

安智史・愛知大学短期大学部教授が見つけた資料で、フランス文学者の秋山澄夫が新聞に寄稿したエッセイがあり、そこに、ユーカリとおぼしき店が出てくる。昭和十六年あたりの記憶で、秋山は朔太郎のお供でよくここに来たという。そのバーには四、五人の口紅やマニキュアをした男子の店員や男娼がいて、

「紬（つむぎ）かなにかを着流して兵児帯をきちんと後ろで結んだ初老の男がギターを弾いている。（略）この席にはもう一人和服の若い学生風の男がいる。青年が歌い、老人が弾き、女が踊る。（略）萩原朔太郎氏とぼくとA・Y・女である」

初老の男が朔太郎、学生風が秋山ということらしい。朔太郎がよくユーカリに通っていたことは戦後、詩人の草野心平も書いているので、ここがユーカリであることは間違

いないと、安智史教授も指摘する。

そして、秋山がエッセイで綴っている女性、ユーカリにいたA・Y・女という女性もかなり興味深い。彼女について秋山はこう記している。

「地下運動をしていた彼女は、弾圧を遁れて上海で川島芳子と一緒にダンサーをしていた。彼女と別れて下関に密入国したところを特高の網にかかり辛うじて脱出して東京に来た由。どこで識合ったのか氏の肝煎でこの店に身を匿したという」


ジャズシンガーにしてスパイ?


川島芳子といえば、清朝の王女にして男装の麗人で、最後には日本のスパイとして中華民国政府によって処刑された悲劇の女性。そんな名前までが関わってくるこの女性とは何者か。そしてそういう女性店員を抱えていたユーカリというゲイバーはいったい……。

A・Y・女は水島早苗とは別人を差すと思われるが、気になることに、実は、水島も昭和十年、中国に渡っている。抗日運動が激しくなっていた時節柄ゆえ、日本人だということを隠し、フィリピンと中国のハーフという触れ込みで、上海のダンスホールでダンサー兼歌手として働いた。すぐにその歌の魅力で人気を得て、当地の社交界の花形となったのだが、ある日、客席からユーカリの客だった日本人に「ヨッチャン」と声をかけられ、万事休す。日本人だとバレたことで帰国と相成った。

その上海時代、実は、水島早苗は日本側のスパイの疑いをかけられ上海の官憲に付け狙われたという。〝水島早苗スパイ説〟はその後もいわれたようだが、はたしてただの疑惑だったのか。よくよく考えてみれば、いくら冒険心に富むモダンガールとはいえ、昭和初期の抗日運動が高まる大陸に、うら若き女性が一人で渡るというのも、不思議な気がしないでもない。誰かのサポートもなく、それもわざわざ国籍まで隠して……。

「スイングジャーナル」の追悼記事に、その〝スパイ説〟を評論家の武市好古に問われた際の、水島が語った言葉が遺されている。

「もう昔のことなのヨ。どっちでもいいじゃない。それよりマタハリの映画みたいで楽しいわネ。上海はおもしろいところだった……」（一九七八年四月）

つまり、否定はしていないのである。真相がどうなのかはわからないが、水島が本当にユーカリの経営者だったとしたら、店を捨て置いて単身、上海へ行くというのも解せないし、その間店がどうなっていたのかと考えると、やはり、元女形のおじが裏（か表かわからないが）の経営者だったと考えるのも、不自然ではない。そして、イプセンの松浦貞夫が語ったように、戦後になって正式におじから水島に譲られたのが本当ではないか、と。

　ともあれ、ゲイバーと文壇バーの二つの顔を持つユーカリというバーが当時、江戸川乱歩の世界のごとく謎めいた光を放っていたことは間違いない。ギターを弾く萩原朔太郎、元女形の店主、口紅を引きマニキュアをした男子たち、男娼、地下運動家、女スパイ、上海へ渡るジャズシンガー……そこは戦前のアンダーグラウンドの世界がそのまま蠢いているかのような、仄暗く、妖しい魅力に満ちている。

第二章　伝説のゲイバー・ブランスウィックの二つの顔

ゲイバーとして、ジャズ喫茶として

〝二つの顔〟があったという意味では、敗戦後、銀座に産声をあげる伝説のゲイバー、ブランスウィックも前述のユーカリと同様である。それは一階が女性店員のいるふつうの喫茶店で、二階にゲイ客などを入れた、という営業形態のことだけではなく、この店には日本のゲイバーの系譜とジャズ喫茶の系譜の二つが交叉しているからである。

三島由紀夫の小説『禁色』に描かれたルドンというゲイバーのモデルとしてあまりに有名なこの店は、戦後、銀座五丁目の小野ピアノの近くに出店した。と語られるが、正確には、一九四六（昭和二十一）年に新橋の新生マーケット内に誕生している。開店の翌年このマーケットが火事で焼失し、それから銀座に移って再建されたのだった。なので、銀座での開店は一九四七～八年の間になるのではないかと思われる。新橋へ先に出店していたことは、イプセンの松浦貞夫（敬称略）も証言している。新橋の新生マーケット内に出店した際の広告と思われる画像がネット上にもある。「開店‼　お知らせ」と打たれた広告には、

「現代の若い人々が求めるシックな店
リファインされたサロンの雰囲気
ひるは香り高きコーヒーとデリシヤースケーキ
日ともし頃となればフランスシヤンソンから
流れる官能的南欧情緒……
（略）
銀座●ブラックバード店主経営
皆様のお茶と酒場
ブランスウヰツク
（新橋駅北口新生マーケット内　ホームに面す）」（●は判読不明の文字）

とあり、ここに記された「ブラックバード店経営者」の「ブラックバード」とは、ブランスウィックの店主が戦前に営んでいたジャズ喫茶のことである。『禁色』のなかにも、

「彼は銀座界隈では二十年からの古顔であった。戦前西銀座にもっていたブルウスという店では、女の子のほかに美しい給仕の少年が二三いたので、男色家はそのころからルディーの店にしばしば寄りついた」

という一文がある。そしてそのジャズ喫茶にも過日、同性愛者がけっこう集まっていたと、当時の客だった松浦貞夫（イプセン店主）は私の取材に答えている。

そして驚くべきことに、このブラックバードという店は、実は、日本のジャズ喫茶の第一号店として、そちらの系譜においても欠かせない歴史的な店なのである！

エノケンとも踊った浅草の芸人

アメリカでジャズがレコードになったのは一九一七（大正六）年。日本でもアメリカ航路の船中などで演奏されるようになり、一九二五（大正十四）年、「美貌の奇術師」としてアメリカ公演も成功させた松旭斎天勝も、ニューヨークからジャズバンドを連れ

帰り、横浜の喜楽座で公演をしている。この天勝というのは、三島由紀夫の『仮面の告白』にも触れられている。主人公が幼少時、「天勝になりたい」と願い、母の着物をまとい白粉をはたいて駆け回り、祖母や母を驚かせたというエピソードの、あの天勝である。

そうして日本でも輸入されるようになったジャズは当初、市井の人間には手の届きにくい〝高級な音楽〟であったが、ジャズ喫茶の登場によって大衆化していく。ジャズ喫茶は、少し高めの料金設定ながら、そこでかかるレコードを聴くことでその音楽を堪能できる日本独自のビジネス、音楽鑑賞の形式だった。それが誕生したのは一九二九（昭和四）年、その第一号店がブラックバードなのである。そこではエセル・ウォーターズ、デューク・エリントンなどのレコードがかけられていたという。

ブラックバードは最初は銀座ではなく、本郷の東大赤門前に開店した。店主の野口清（故人・敬称略）は自分で貯めた資金の半分と、親からの借用で、間口が二間（約三・六m）、奥行は四間（約七・二m）の店舗からスタートした。資本金二千七百五十円は当時の貨幣価値では大金だったが、三ヶ月で借金分を返済したというのだから、その繁盛ぶりがうかがえる。当時最先端の音響装置（ビクターのエレクトラという電動式連奏プレーヤー）を導入したことで、人気を博したのだった。その装置はシアトルに住むおじさんから送ってもらったというところからして、彼に西洋の血が入っていたという説は頷ける。三島由紀夫は『禁色』で彼のことを「二代前の混血を経た四十恰好の小粋な男」と書いているし、その風貌が西洋人風であったことは少なからず語り継がれているので、それは事実なのかもしれない。

野口清は元々はダンサーを目指していて、脚の怪我でそれを断念せざるを得ず、ジャズ喫茶の開業にいたったという。野口自身、流浪時代にカジノ・フォーリーでエノケンと踊っていたことを語っているが、ゲイ雑誌「ＭＬＭＷ」で連載された「ブランスウィックとその時代」にもこういう記述がある（ブランスウィックでの野口の通称は「ケリー」だった）。

「ケリーさんは浅草の芸人出だった、と春ちゃんは言った」

「ケリーさんのタップダンスは本物で、当時日劇のバレエダンサーでスターだった人達の前でも堂々と踊った。ケリーさんは、ブランスウィックのショーで踊りながら、かなえられなかった舞台の夢を追っていたのだろうか。そのときのケリーさんには、何の打算もない、ひたすらショーマンの影があったという」

ブランスウィックでソンブレロをかぶってタップダンスを披露していたというのだから、ダンスには自信があったはずだし、エノケンと共演するほどの腕前だったダンスを諦めたのは、相当な挫折であっただろう。

戦前、戦中、戦後を乗り越えて

しかし野口には飲食店の経営に関しては天賦の才というものがあった。今だったら〝空間プロデューサー〟などと称してマスコミで引く手数多の存在になっていたはずである。いや、そんなレベルではないだろう。なにしろ〝ジャズ喫茶〟という新しいビジネスを発想したのだ。

野口は本郷の店をまたたく間に成功させると、一九三一（昭和六）年、今度は京橋に進出する。店名はブランスウィック（つまり、戦前にもブランスウィックは存在していた！）。こちらもすぐに繁盛したようで、二年後の一九三三（昭和八）年には**ブラックバード**を銀座に移転し、一九三五（昭和十）年には**ハイハッター**も銀座に出店している。

戦後、イプセンを新宿に出店する松浦貞夫も、友人に連れられてブラックバードとハイハッターを訪れたという。印象としてハイハッターのほうがより高級店の趣があり、両店ともに同性愛の客筋もそこに集っていたとも回想している。先端文化や審美的な空間の周辺にゲイが集まるのは現在と一緒だが、それはそこに自由が見出せるからなのか。あるいは、共同体から遊離した新規な空間には、寛容というものがあるからか。

ブラックバードの場所は戦後のブランスウィックとは異なり、銀座四丁目ながらより有楽町駅に近い、戦前の天金、現在の不二越ビル付近だったが、ハイハッターは銀座並木通り七丁目にあった。

戦前、京橋にあったブランスウィック（当時の表記ではブランスヰック）については、松浦貞夫も語っていない。が、ブラックバードと同様、戦前の雑誌「スタア」に広告を出していて、そのハイセンスな広告デザインの端々に、野口自身の感性を見てしまう。彼は女性のドレスのデザインなどもできたようで、もしかしたら広告デザインは自ら手がけていたのかもしれない。デザインにおいても才能があったことはご子息も認めている。

「大学4年の時には、並行して代々木のデザイン・スクールに通っていたのだが、父のポスターの大胆な描きかたにはかなわなかった。悔しいが、父の感性には生まれつきのものがあったんだろう」（野口伊織ほか『吉祥寺JAZZ物語』）

一九四一（昭和十六）年、太平洋戦争がはじまると、ジャズは敵性音楽と見なされ、取り締りの対象となった。ブラックバードの「スタア」への広告の出稿もなくなり、店名も「紅谷」という和風の名前に変更されることが余儀なくされた。その上、蒐集したレコードは供出することが求められた。野口は必死に天井裏などに隠したりしたが、結局、空襲で爆弾が屋根に落ちてそれが発覚。全部を当局に差し出さざるを得なくなった。手放すときに彼は涙を流して惜しんだという。また、そうした内側の心情を押し隠していたのか、米軍機が襲来すると、隣

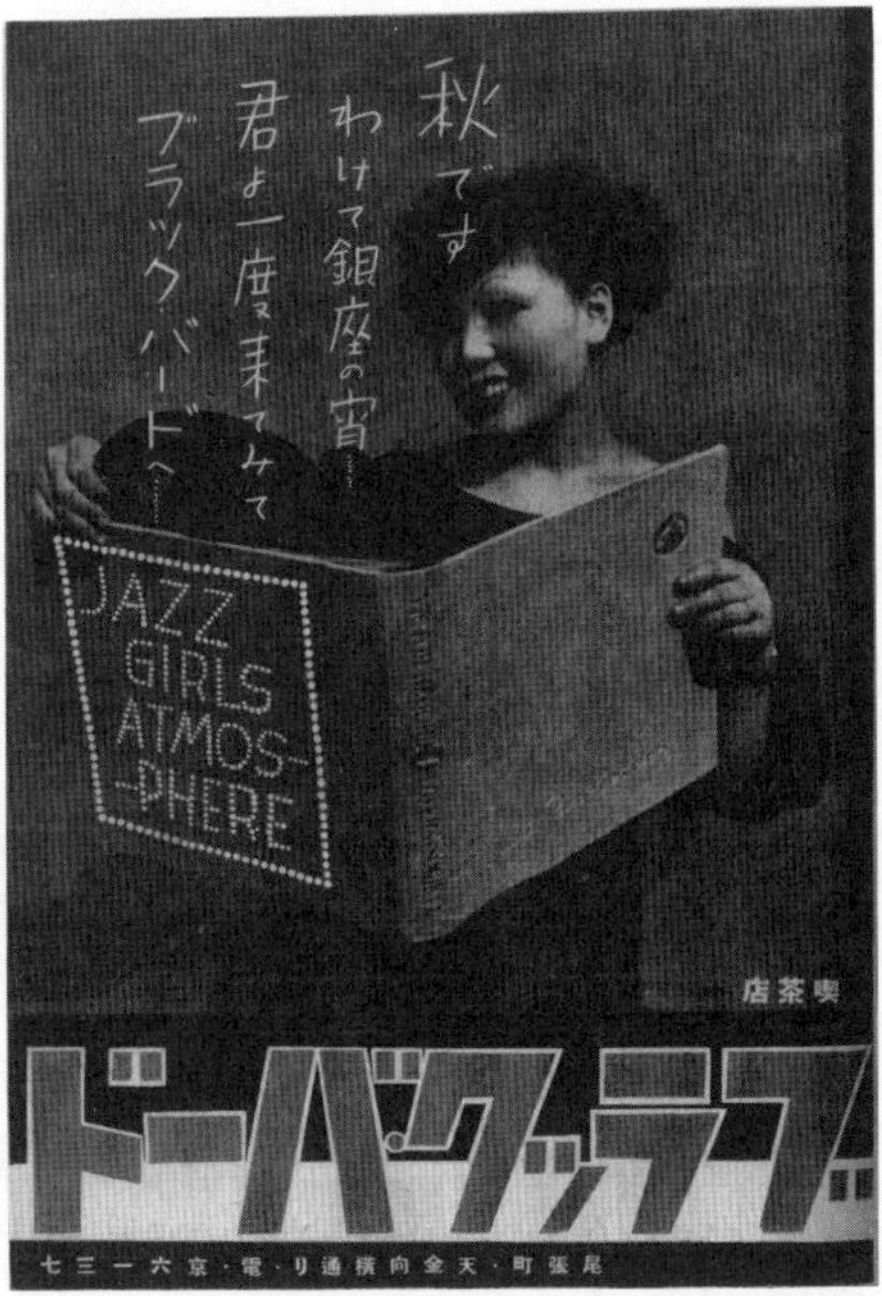

「スタア」（1936年９月上旬号）より

組の組長として「空襲警報発令！」と叫び回る彼の姿を、当時、近くの事務所で働いていた松浦貞夫は目撃している。戦争という暴力は、そんな音楽ファンのささやかな喜びをもその業火で焼いたのだ。

そうした戦前からの前史があり、戦後、ブランスウィックはケリーこと野口清によってまずは新橋の新生マーケット内に開店した。そこには早速、当時の大スター、笠置シヅ子や古川ロッパなども来店していたが、数ヶ月でもらい火を受け焼失。銀座へ移転することとなり、三原橋近くの小野ピアノのそばで再開する。

三島の『禁色』ではゲイバー、ルドンに関して、「五六人の給仕に一応見られる顔を揃えたので、店はこの社会の人気の的になり、はては一種の倶楽部となるにいたった」とあるが、ブラックバード時代も、店員には見目麗しい給仕を雇っていたらしい。そして戦後のブランスウィックでの店員採用もそれが条件だったようで、こうした趣向が一つ、この店に同性愛の男たちが集まってきた原因だと考えられる。

実際のところ野口清のセクシュアリティがどうだったのかはわからないが、そもそもブランスウィックはゲイバーとして開店したのではなく、新橋に出店の際の広告から察すればフランス風の喫茶店を狙っていたはずだし、戦前の店もジャズがメインの喫茶店だった。しかし（今風にいえば）イケメンの店員を少なからず置いたことで、ゲイたちが自然と集まってくることと相成った。情報が少ない時代ゆえ、〝彼ら〟はいっそうそういう嗜好への嗅覚を研ぎ澄ませていたのだろう。もちろん、野口がそこに商機を見たことは間違いなく、そうした客筋は二階に上げて商売をし、一階は通常の喫茶店として営業することとなった。

美輪明宏、野坂昭如、三島由紀夫

歌手の美輪明宏は音楽学校時代、「美少年募集」の小さな広告を目にして応募した。

「一階は普通の喫茶店だが、二階は何やらアラビア風の怪しげなムード。真紅のビロードのボックスには豹の毛皮が置いてあったり、中二階のような形で、ささやかな三階フロアがあったり、それに通じる金の手すりの階段があったりで、夜のとばりが下りれば、ボーイやマスターがフロアショーに踊りを披露したりもする」（『紫の履歴書』）

けれど、店員にゲイを募集したわけではなく、よく知られるように作家の野坂昭如（故人）も、若き日に一時そこで働いたことがあった。

「銀座五丁目小野ピアノ隣りの『ブランスウィック』に一週間ばかり勤めた時。昭和二十七年春に、この店がボーイを募集し、まんまと合格して、一階のカウンターではたらいたのだが、すでに熱帯魚の水槽があり、壁にソンブレロを飾り、外国製ドーナッツ盤レコードが無造作につみ上げられていて、妙に植民地風雰囲気の店だった」（野坂昭如『エロトピア②』）

三島由紀夫は『禁色』で、作中のゲイバー店主のことをこう描写している。

「ルディーは毎朝メイキャップに二時間かかるということだった。彼もまた男色家特有の『人に顔をじろじろ見られて困った』という罪のない吹聴癖をもっており、顔を見た男はみんなルディーに気のある男色家だと決めてかかっていたが、幼稚園の生徒だって街中で彼を見れば愕いて振り向いただろうと思われる。この四十男はサーカスのような背広を着ており、自慢のコールマン髭はあわてて剃った日には左右の太さや向きがちがっていたのである」

よくよく考えてみれば、ドラァグクィーンでもなければ化粧に二時間もかからないし（ましてや女装しているわけでもない）、実際は少し派手なスーツを着ている中年男だったのだろうが、三島のシニカルな筆にかかると、〝彼〟は一種異様な人物像として、物語と、ひとびとの脳裏に刻まれることになった。当然フィクションであるからデフォルメされているわけだし、またそこに三島自身の同性愛への濃厚なホモフォビア（同性愛嫌悪）が投影されていたことは明らかだが、これを読んだ人間は、モデルとされた人物をもそのような〝モンスター〟として受け止めたはずだ。同性愛者が差別の対象だった、いや、差別という文脈で語られることも叶わない時代だったから、なおさら、〝異様な人格の変態〟として受け止められただろう。けれども、こんなふうに自分が書かれたら、と想像すれば、モデルとされた人間の胸中たるやいかばかりか。

三島由紀夫はその後、小説『宴のあと』でモデルとされた人物らから「プライバシーの侵害」で訴えられるが、『禁色』発表時の時代状況を考えると、モデルとして書かれたほうは〝いわれ損〟で、ましてや昭和二十年代、口に出すのもはばかられるセクシュアリティにまつわる事柄だったことを考慮すると、モデル個人に相当大きなダメージを与えたことが推測される。実際、この作品を読んだケリーは激怒したと都市伝説的にも伝えられるし、彼と知友であった松浦貞夫もそのように回想した。

三島由紀夫と師匠と弟子のような関係であった演出家・堂本正樹は、著書『回想　回転扉の三島由紀夫』のなかでこう綴っている。

「朝鮮戦争が始まり、景気が上昇する。かの大っぴらな男色小説『禁色』の第一部の連載が始まった。これも雑誌は『群像』だが、単行本としての発行は新潮社である。この中に現れるゲイバー『ルドン』は勿論『ブランスウィック』で、ソノ仲間は雑誌を奪い合って読み、マスターは『もう三島は入れるな』と激怒したと伝えられるが、編集者を伴って繁々訪れる三島は、涼しい顔で入り、ますます『デカい顔』をしていたという」

一方、同性愛者ではない野坂昭如は、ブランスウィックのマスターに対してさほど屈折した印象は持っていなかったようだ。

「マスターはケニー（筆者注・野坂はケリーではなくケニーと呼んでいた）といい、混血児風美男子だったが、ひどくやさしい男で、アイスピックで傷ついたわが掌を、痛ましげにながめ、赤チンなどぬってくれ、がっちりした体格なのに、マシマロの如くやわらかい掌が印象に残っている」（野坂昭如『エロトピア②』）

野坂はすぐに辞めてしまったが、その後もブランスウィックを訪れるとケリーはいつも奢ってくれたのだという。

私のようにゲイバーを経営したりその業界を長く観ているとわかるが、こういう店の店主というものはとかくゲイ客の〝同族嫌悪〟が投影されて悪くいわれるものだし、同性愛への偏見や差別が厳しい時代なら、よくいわれるはずもない。自らのことはともかく三島由紀夫は非常に冷徹な視線で、当時の同性愛者の同胞に対するアンビバレントな心情を記述している。

「階級も職業も年齢も美醜もさまざまながら、たった一つの情念で、いわば恥部で結ばれ合ったお仲間だ。何という紐帯！　この男たちは今さら一緒に寝る必要はない。生れながらにわれわれは一緒に寝ているのだ。憎み合いながら、嫉み合いながら、蔑み合いながら、そしてまた温ため合うために、ほんの少し愛し合いながら」（『禁色』）

お互いを嫌悪、軽蔑しながらもお互いを必要とするしかない点で、かつて、あるいは現在でも、同性愛者がむしろ同朋に攻撃的になる傾向は否定できないが、そうした感情を三島自身もケリーに向けていたのだと思う。しかし、当時は今より遥かに文学は権威であり、小説は一つのメディアであったから、「カミングアウト」という言葉すら持たなかった一同性愛者は、あるいは、そのように断定された人間には、反論する機会も与えられないし、〝変態〟にはそれを告発する権利さえ認められなかったはずだ。

そして伝説のゲイバーへ

しかしケリー（野口）の感情とは別に、ブランスウィックが『禁色』の効果でいっそう同性愛の男たちを集めたことは確かだし、その喧伝によって一つの伝説にもなった。出店の時期はいささか新宿の夜曲に後れをとるようだが、その興盛がゲイバーという戦後に誕生した新しい業態の始祖として、歴史に名を残したことは間違いない。実際、そこにはそれ以後、日本のゲイバー文化を作っていく面々、女装系のバーの草分けである**やなぎ**の島田正雄も、**青江**や**吉野**のママも、イプセンの松浦貞夫（↓第三章）、蘭屋の前田光安（↓第九章）もみんな集っていて、その影響は絶大である。男性同性愛のバーにとっても、女装バーやニューハーフクラブにとっても、ブランスウィックはその源流だといっていい。

　現在、ゲイバーや女装バーに性的マイノリティが集い、友を得たり、恋愛と巡り合ったりできるのは、三島由紀夫の言葉を借りるなら、前述の先達らが「憎み合いながら、嫉み合いながら、蔑み合いながら、そしてまた温ため合うために、ほんの少し愛し合いながら」コミュニティを作っていった結果であり、その延長線上に、同性愛者やトランスジェンダーの未来は育ってきた。ネットワークの土台を作ったという意味において、ケリー（野口）の果たした役割は言葉にできないほど大きいし、本人が望んだわけではないだろうが、決定的だった。今日いわれるようになった「ＬＧＢＴの人権」というのも、そのこととけっして無関係ではない。

戦前のブラックバードもそうだが、ブランスウィックが先取りしたセンスや演出というものは、その時代のなかに、そして社会における居場所がなかったマイノリティにもう一つの世界、〝自由〟の風を吹き込んだはずだし、性愛とは別に、彼らを深くエンパワーメントしたはずだ。女装系のバーを銀座で成功させた青江のママ（故人）も、その自伝で思い出を書き残している。

「そのライオンの裏に、ブランスウィックというお店があったのね。（略）この店に集まるのは、ハイクラスのゲイやホモだったわね。今でもお友だちとしてつき合っている何人かは、ここで知り合ったの。（略）あたし、仕事が終わるとほとんど毎日この店に行っていたわ。（略）ブランスィックへ行くと、いつも仲のいい友だちと明け方まで飲んだり食べたりするから、朝起きられずに遅刻することがあるのよ」（青江のママ『地獄へ行こか　青江へ行こうか』）

この銀座のゲイ大ともいえるブランスウィック校から、ゲイバーの波は全国に広がっていく。現在、いったいどれだけの数があるかわからないゲイバーが、ケリー（野口）の試みのうちに芽吹き、枝葉を伸ばしていったと考えると、その影響力たるや筆舌に尽くしがたい。しかし、豊饒なケリーの才能は、ジャズ喫茶の発明と、ゲイバーの礎を成した功績に留まらない。

隆盛を誇ったブランスウィックは一九五四年には閉店している。名前の大きさに比べて営業期間は実は十年に満たない。火事で焼失したとか、「ケリーは死んだ」ということが実《まこと》しやかに語り継がれたようだが、実際は、野口清は店をやめた。あるいは、もしかしたら、彼は家族の先々のことも考慮して、その商売から身を引いたのかもしれない。憎しみやら嫉妬やらが渦巻く同性愛のネットワークのなかで、脅しのようなこともあったように伝え聞くし、家族にも不快なことが及んだことは想像に難くない。圧倒的な差別や蔑視のなかで、野口も家族も苦労したのではないか。

閉店以降、ケリーの足取りは忽然と消える。「ブランスウィックとその時代」にも生存をにおわす記述はあるが、その所在は書かれていない。同性愛の文脈には一切、その名前は現れなくなる。野坂昭如は、

「昭和三十七年の暮だったか、三島由紀夫氏にあったら、『ケニーは生きてるんだってさ』と、いっていた。その生き死ににについてさえ、明確には判定下しかねるような、やさしい怪物といった印象が、強く今もある」(『エロトピア②』)

と記しているので、三島はその消息を知っていたのかもしれない。またイプセンの松浦貞夫もそれを知っている一人だった。

消えたケリーの行方

事実は、こうだ。

ケリーこと野口清はその後、吉祥寺に移り住み、**ブラジル**という喫茶店を出店する。そして一九六〇年に、これまた伝説的な名店、**ファンキー**というジャズ喫茶を開くことになる。モダン・ジャズが全盛期だった当時、高校生の長男の勧めもあり、彼を音楽ディレクター役にしての開業だった。

「当時の『ファンキー』は、いろいろな面で吉祥寺を象徴しているような部分があったような気がする。小綺麗さは微塵もなく、生活感にあふれ、ジャズ・マニアの正直な気持ちを代弁するような怪しげな雰囲気が漂っていた。壁には父の描きなぐったようなカラフルなポスターと、オレの描いた新譜紹介なんかがベタベタと貼りめぐらせてあった」（野口伊織『吉祥寺JAZZ物語』）

この店がまたしても大成功して、家族で事業を拡大していく。一九八二年に発行された『別冊1億人の昭和史 日本のジャズ』の「全国調査/日本のジャズ喫茶店」には、〝野口清一〟名義の店舗がファンキーのほか五軒が登録されている(ここでは〝清一〟という名前になっている)。戦前のブラックバードと同様、最新鋭のオーディオ機器を店に導入したことも、人気の理由だったという。さらに、息子の伊織氏らは父の事業を拡大して、吉祥寺を中心に三十店舗以上の飲食店を経営展開することになる。

その営みは武蔵野の田舎町だった吉祥寺が、JAZZの街としての認知を生み、「住みたい街№1」と呼ばれる街になる推進力にもなった。この野口家のセンスが注入されなかったら、吉祥寺は今のようなおしゃれな街にはなっていなかったかもしれない。そしてその功績ゆえ、清の長男である伊織氏は、今日では「吉祥寺の父」と呼ばれている(清の死亡年月日は不明だが、伊織氏も二〇〇一年に脳腫瘍を患い、まだ五十八歳の若さで亡くなっている)。そう、野口清の遺伝子は、息子らを通じて吉祥寺という東京の郊外をも新しい街に生まれ変わらせていたのである。

考えるほどに、野口清の才能は巨大としかいいようがない。昭和初期、ジャズ喫茶を発明し、ジャズをこの国に普及した。終戦後には日本のゲイバー文化の礎を築き、多くのゲイたちをネットワークするきっかけを作った。さらに、高度成長期にはジャズと自身のセンスを以てして吉祥寺を現在の吉祥寺たらしめた。そして吉祥寺ばかりでなく、現在の新宿二丁目や他の街にも彼の遺伝子は確実に受け継がれているのだ。

日本のジャズの歴史も、性的マイノリティの文化も、この人物の仕事なしには語れない。この不世出の天才を、私たちはこれまで、等閑視してきた。しかしその長期にわたる広範な影響は、昭和という時代を彩った一つの光ではなかったのか。野坂昭如は三島由紀夫を評して「赫奕《かくやく》たる逆光」としたが、野口清という〝やさしい怪物〟もまた、赫奕としてこの国の小さき者たちを照らしてきたのである。

第三章 「二丁目」のきっかけとなったイプセン

同性愛が何であるかはわかっていた

戦前・戦中の市井の人々の暮らしを繊細に描いたことで注目を集めたアニメ『この世界の片隅に』。主人公のすずは一九四四年、広島市から隣接する呉市に嫁いでいく。その瀬戸内海に面した街は、古くは村上水軍の根城であり、明治以降は帝国海軍の鎮守府がおかれ、かの戦艦「大和」や「長門」などを建造したことで知られる呉海軍工廠などを擁す軍港だった。

あの高台にあったすずの婚家から見下ろした街並みのどこかで、一九一〇（明治四十三）年、松浦貞夫は生まれた。それは大逆事件で幸徳秋水らが処刑され、日韓併合条約によって韓国が併合された年である。

新宿二丁目がゲイバー街となるきっかけを作ったこの人物と同い年の日本人には、白洲正子、黒澤明、大平正芳などがあげられ、遠くフランスでは、同性愛者として詩や小説を著して名をなすジャン・ジュネも誕生している。ジュネが両親に恵まれなかったように、松浦も幼くして両親と離れ、おもに祖母に育てられた。祖母には愛されたようだが、血縁関係は複雑で、けっして幸福な幼年時代だったわけではなかった。

肉親の愛に飢えていた松浦少年は、その孤独を埋めようと映画や演劇に耽溺した。まだ無声映画の時代だったが、大正期の弁士や楽士がいる映画館の麗しさを、トーキーが導入された後も忘れられなかった。筆者にもその弦楽奏の鳴り響くスクリーンの美しさを、「あんなに素晴らしいものはない」とよく語ったものだ。幼かった少年が暗い映画館のなかで、いつか自分も芸術に関わる仕事に就きたいと願ったのは想像に難くない。

そんな地方都市で暮らす彼にも思春期が訪れる。松浦の初恋については聞いた憶えがない。ただ、自分のなかに同性への欲望があることに気づいた彼は、当時、刊行されたばかりのハヴロック・エリス『性的心理大観』（天佑社、一九二一）を読んだというのだから、かなり知的に早熟であったと思われる。私が取材をした際には、

「だから私は田舎にいた時から、同性愛がなんであるかちゃんとわかっていたんですよ」と、自分が何者であるか理解していたことを強調していた。といっても二十世紀初頭

の性欲学の文脈で「理解していたこと」と、自分のセクシュアリティを肯定できることの間には、まだ遥かな隔たりがあった。そのことを、二十一世紀に生きる我々は斟酌しなければならない。

『この世界の片隅に』では牧歌的に描かれる街の片隅にも、当時から自らの欲望を実現しようとする男たちが集まる場所、いわゆるハッテン場が存在していた。蛇の道は蛇で松浦もそういう場所に足を踏み入れ、男同士の性行為を経験していたという。そこは呉市にある有名な二河公園で、老若の男たちが夜な夜な盛んに集まってきては、同性同士の性を貪っていた。

ハヴロック・エリスやクラフト＝エビングなどの性欲学者の著作が多数翻訳された大正末から昭和初期（一九二〇年代）、日本でも「同性愛者」というアイデンティティに象《かたど》られた主体が徐々に成立するようになった、というのが現在の社会学などでの通説である。しかし、松浦によれば、彼が夜の公園に出入りするようになった昭和初期にはすでに老いも若きもがそこに集まって、同性愛の行為に耽っていたというのだから、「同性愛者」とか「ホモ」とか「ゲイ」といったアイデンティティが曖昧でも、少なからずの男たちがおのれの欲求のままに行動していたことになる。その時代にすでに老年に達していた者まで同性愛を求めて夜の公園に徘徊していたことを鑑みれば、性欲学による言説の広がりなどなくても、そうした男たちが集う場所が、前近代から連綿と受け継がれてきたとしても不思議ではない。同性愛の欲求も異性愛同様、アイデンティティなどの観念とは別に、身体的な生理にも根拠があるのだから。

当時の呉は第二海軍区を所管する鎮守府が置かれ、そこに兵士やら海軍工廠で働く労働者やら……が全国から流入していたのも、公園のハッテン場を盛んにしていたことと無縁ではないはずだ。若い男性が多く居住していることは、イコール同性愛の欲望を抱く者たちの数を押し上げることになる。

その頃すでにそのような男たちのネットワークは地下茎のように全国に広がっていて、松浦は知り合った友人から情報を得、呉の公園ばかりでなく、広島や大阪、神戸のハッテン場にまで足を延ばしていた。また大都市になればなるほど〝お仲間〟は多く、「東京はもっとすごいよ」という噂も耳にしていたのである。

脚本家としての成功

そうして一九三五（昭和十）年、松浦は子供の時分からの夢であった劇作家を志して上京する。学校を卒業してから二十五歳まで何をしていたのか不明であるが、念願叶ってのことだろう。

東京に来て彼がまず行ったのは、小山内薫や土方与志らが一九二四（大正十三）年に開設した築地小劇場。新劇の拠点として千田是也、山本安英など名だたる俳優が輩出したその劇場は、付属の劇団が分裂を繰り返し、松浦が通っていた頃にはプロレタリア演劇運動が展開されていたはずだ。

それから、早稲田大学へ聴講に通っていたともいい、そこでの知り合いから新劇の俳優・演出家として高名な青山杉作を紹介されることとなった。そして青山に師事し、当時、菊田一夫なども在籍していた浅草の国際劇場の舞台に携わるようになる。

昭和十年代の東京で松浦は多くの同性愛者の知己も得た。ハッテン場（戦前から日比谷公園は有名だった）で知り合った友人に、戦後のブランスウィックの前身である銀座のブラックバードへ連れて行かれ、店主のケリーとも懇意になり、支店のハイハッターにも行った。また、まだ大久保（現在の新宿文化センター付近）にあった夜曲や、歌舞伎町にあったユーカリにも出入りするようになる。ちなみに、松浦は一九四一（昭和十六）年には徴兵検査を受けるが、丙種合格で兵役を免れ、戦争には行かずに済んだ。

予告 「アリランの唄」に次ぐ半島シリーズ第二篇
半島舞踊歌劇
沈清傳
全八景
市村菊子・南里枝・川路龍子・目白乙女・他松竹少女歌劇出演
半島の舞姫・松竹入社第一回 李綾花 演出・振付・出演
半島の歌姫・キングレコード専属 羅仙嬌 出演
全半島に昔より傳はる傳説の舞踊化。本邦初演
實演
九日・十時
十日・正午
十一日・九時
開場
何卒お早くお越し下さい
あさくさ
國際劇場
作・松浦貞夫・補修・松竹少女歌劇・音樂・朝比奈昇
(三日間に限り)

沈清傳 全八景
作 松浦貞夫
補修 松竹少女歌劇團
演出・振付 李綾花
作・編曲 朝比奈昇
合唱指揮 謡口典之
裝置・衣裳 國東清
照明 稲村恒雄
舞臺監事 升田学
音樂指揮 朝比奈昇
伴奏 松竹管絃樂團
特別出演 李綾花 羅仙嬌
松竹少女歌劇團出演
主ナル出演者
市村菊子 目白乙女
南里枝 加賀見照子
川路龍子 眸瑠璃子
芝園星子

第一景 プロローグ
第二景 村の花園
第三景 町角
第四景 嵐
第五景 林蟠水
第六景 水晶宮
第七景 海のほとり
第八景 桃花洞

第一景 プロローグ
僧舞 李綾花
第二景 村の花園
沈清 市村菊子
學圭 加賀見照子
男 南里枝
歌手 羅仙嬌
村の娘 若水久美子 夢路加代子 旭輝子 大國阿子 風見ゆたか 常磐きよみ 早簇栗子 小原千代子
村の女 須田君代 空あけみ 雪枝マリ 若葉弓子 鶴みなみ 久米千賀子 吾妻邦子 呉竹みどり 朝のぼる 京鹿乃子
村の男 静ゆかり 若原路子 緋櫻京子 秋津嘉子 衣川せき子 田村ミサオ 瀧水芳子 鷲島蘭子 草間みゆき 伊達龍子
第三景 町角
沈清 市村菊子
學圭 加賀見照子
子寶女 目白乙女
長女 眸瑠璃子
人買 芝園星子
子供 伊吹まち子 上原町子 三鷹圭子 川邊光代 落合星子 久方桂子 龍峰子

浅草の国際劇場などを拠点にしていた松竹少女歌劇団は当時人気で、李氏朝鮮時代の説話をモチーフにした舞台『春香伝』が成功を収めていた。松浦は上京から六年経ったその年、やはり朝鮮の説話である『沈清伝』の脚本を担当し、堂々独り立ちしたという

のだから、将来を嘱望されていたのだろう。それは、水の江瀧子からトップスターの座を継いだ川路龍子の主演で、国際劇場で舞台化された。評判を勝ち得て、その舞台はすぐに新宿第一劇場で再演された。それ以降は松竹座、金龍館などの舞台に携わり、花形劇作家として八面六臂の活躍だった。大阪の南東宝劇場では、そのときまだ十八歳だった森光子を演出している。

その後、国際劇場の文芸部を辞職。音楽コントグループ「あきれたぼういず」を脱退したばかりの益田喜頓が作る「益田喜頓一座」に招かれ、松浦の脚本で旗揚公演が打ち上げられた。が、せっかく旗揚げしたこの益田喜頓一座も、大阪の空襲で解散する結果となった。

この時代の苦難を、彼は八十四歳のときに東京新聞の読者欄への投稿で、こう吐露している。

「私が彼【筆者注・益田喜頓のこと】を初めて知ったのは、大東亜戦争も半ばの昭和十八年であった。当時、彼は芸能界ではかなりの売れっ子であったが、考えるところあってか、お笑いの四人組を解散し舞台俳優として再出発することになり、当時の芸能の中心地、浅草で劇団を結成、旗揚げすることとなった。その時、私は縁あって拙作二本の脚本をもって彼のデビューを飾ったのである。

それからも彼との交際は続いたが、終戦も近くなると時節柄、劇団の運営も難しくなり、ついに解散、彼は郷里の北海道へ帰り、私もそれを機にこの世界から遠ざかった。しかし終戦後、彼は再び上京し芸能界にカムバック、幸運にも華々しくスターの座に上りつめたのだった。

別の世界にわかれた私は、彼の成功をマスコミを通して祝福するのみであった。だが、いつの日にか再会して戦時下のつらい日々を懐かしみ語ろうと思いながらも、ついつい月日は流れ五十年が過ぎてしまった」

これは益田喜頓が鬼籍に入った後に書かれたものだったが、新聞掲載後、この投稿を知った益田の夫人と手紙で旧交を温めることになった。

男色酒場

さて、終戦直後の松浦の消息はあまりはっきりしない。私は十八年近く彼の自宅や養護施設に通い、折に触れ話を伺ったが、この時期のことについては、芸能事務所のようなところで働いていたこと以外、話したがらなかった。戦中も新宿に部屋を借りていたということなので、家財は被災したはずだし、終戦の日は静岡で迎えたと語っていたから、あるいは、しばらく東京に戻らなかったのかもしれない。他人にはいえない苦労があったのだと察せられるが、劇作家としての大きな挫折も引きずっていたから、すぐには立ち直れなかったのだろう。

そんな彼が終戦から六年を経て、一九五一（昭和二十六）年に新宿で開店したのがイプセンである。女性の自立や自由を問うた『人形の家』を書いたイプセン。店名からして彼の半生の想いが伝わってくるようだが、戦前にはカフェー街として賑わった東海通り付近に出店したのは、カフェーへの郷愁ゆえだったように想像する。しかしその立地の偶然こそが、二丁目がゲイバー街を形成していく最初のトリガーとなろうとは、そのときの彼には、そして誰にも想像できないことだった。

ここからは私が九〇年代に書いた「ゲイの考古学」に頼りたい（一部に修正やら加筆をして改稿したことを断っておく。文中の「要町」というのは、かつて新宿三丁目と二丁目が隣接する辺りを指した俗称）。

「【著者注・店を出した】要町（→第七章）はね、戦前は二丁目の女郎さんたちがお客さんたちと食事する場所で、学生も多くて喫茶店がたくさんあったんだけど、戦争で焼けてしまい、その頃はさびれていてね。最初は友人と共同経営するはずだったんだけど、そのひとが降りることになって、彼の出資金分を自分が借金するかたちにして、一人で喫茶店をはじめることにしました」

松浦貞夫は私の取材に答えて、「自分自身はゲイバーなど開くつもりはなかった」ことを強調した。ブランスウィックなどと同様、この店もまた、店主のゲイの友人が集まってきて、図らずもゲイたちの溜まり場と化していく。終戦後の解放感もあって、〝彼ら〟は湧き出すように集う場を求めていた。

そして一九五三（昭和二十八）年、イプセンは、その賑わいを聞きつけた内外タイムスという夕刊紙に取り上げられることになった。この内外タイムスの記事こそ、二丁目の運命を左右するような〝事件〟だったといっていいかもしれない。ゲイバーが比較的メジャーな媒体で初めて大きく取り上げられたものであり、当時としては相当に衝撃的であった。記事は記者の体験レポートで、「男色酒場……聞きしにまさる濃厚さ……ガラガラ声で誘惑……肉体はってくる〝男給〟たち」とタイトルされていた。

「一人きり通れないほどの狭くて薄暗い喫茶店の階段を上って、狭いドアーを押す、白ワイシャツ、黒ズボン（略）一見用心棒風の男―と思ったらなんと、『あら、いらっしゃい』とガラガラ声でそれが寄ってきた、いきなりゾーッである。そのたくましき男給にサッと手をとられて奥のテーブルに座らされた、三坪ほどの細長く薄暗い部屋、一種異様な空気がただよってくる、先客は一人だ。（略）いつの間にか前の椅子にも廿五、六の青年が座って、こっちにほお笑みかけている、と、奥の方から少年が三、四人クネリクネリと出てきて回りに座ってしまった。（略）宵の口はチラホラだが、十一時過ぎからボツボツ常連が現われる、作家のM氏、映画監督の某氏、歌舞伎の女形、女色に飽きた中年男、中国人など、だが客の身分や名前を絶対に聞かないのが彼等のタブーであるし、知っていても決してもらさない」（内外タイムス一九五三年七月二十三日付）

記者の視線は滑稽なほど差別的だが、この当時はそんな問題よりも、ゲイバーという〝場〟の存在が報道されることのほうが重要だった。一部のアングラ雑誌などにしか載らなかった同性愛の情報が、夕刊紙とはいえ、駅の売店で買える新聞に掲載されたのだ。それがきっかけで同性愛のネットワークにアクセスできた当事者が多数いたことは間違いない。

イプセンは開店当初、進駐軍関係のゲイやレズビアン、江戸川乱歩や三島由紀夫などの著名人なども来店する隠れ家的な店だったというが、この記事によって、それまでゲイバーに来なかったような男性同性愛者の客が押し寄せ、大いに繁盛する。新宿での先輩格の夜曲を凌いだという。松浦が亡くなった際、まだかなりの貯蓄が残っていたのは（筆者が確認）、この時期の蓄財が基盤となっていたからだろう。

松浦によると、このイプセンの成功に刺激を受けて、新橋の烏森でやなぎを営業していた島田正雄は、店をカウンターにして、ゲイバーとして積極的にやっていくことを決めたという。このあたりの経緯は松浦の主観によっているかもしれないが、彼とやなぎの島田はそもそも銀座のブランスウィックの友人で、互いを英語名の〝マイク〟と〝ジミー〟と呼び合うような仲だったとのこと。三島由紀夫と三人で折り鶴というゲイが集まるしるこ屋に出かけたこともあった。

筆者の取材に、島田の弟子ともいえる吉野ママは、島田と松浦が親しい間柄だったことを証言している。若干、松浦の方が先輩格で、島田は一目置いていたようだ。

次々に誕生したゲイバー

イプセンの成功に続けといわんばかりに、付近にゲイバーが誕生していく。現在でもその名が記憶される蘭屋、**シレー**、**ラ・カーブ**、**ロートレック**などである。イプセンの地番は新宿三丁目だったが、それらの店はもう少し東にいった要通り付近に点在し、多くは当時、新宿二丁目の住所であった（現在は三丁目）。

さて、松浦によると、新宿におけるゲイバーの出店は、夜曲→イプセン→**アドニス**（区役所の辺り）→**グレー**（歌舞伎町にあったが、後に池袋に移転）の順になる。かびやかずひこの「あまとりあ」や「風俗草紙」への寄稿文にはグレーは記載がないが、松浦の証言は生々しく、

「夜曲のマスターが自分のところに挨拶に来ないからと怒っていて、二人でグレーに行ったんですよ」

その後、新宿に店を構えることになった蘭屋やシレーは、ちゃんと先輩店へ挨拶に回ったということで、その頃のゲイバー間の関係はそうした配慮に事欠かなかったようだ。

語り手の情報収集の範囲や、どういう客層やコンセプトの店をゲイバーとするかによって認識が変わってくるので、正確な順番はいえないが、のちに有力店として新宿二丁目を牽引することになる蘭屋は、たぶん松浦が挙げた四店舗の次あたりの出店になるのではないかと推測される。

蘭屋が「要町」に店を構えたことが、このエリアにゲイバーを集める次の起爆力として働いたことは間違いなく、当初、神田（今川橋）にあった**シルバードラゴン**も、懇意だった蘭屋の店主・前田光安の誘いもあって新宿に移転し、シレーという名で出店することになった。また、洋行帰りの三島由紀夫がその名を命名したというラ・カーブも、この時期に開店した。それらのバーが、すでに一般の居酒屋として人気を博していた**どん底**などとともに小さなゲイバー街を形成したことが、現在のような新宿二丁目が誕生するワンステップであった。そして一九五八（昭和三十三）年、新宿二丁目の赤線の灯火が消えたことで、事態はさらなる展開を見せることになる。これらについてはまた改めて、詳しく記すことになる。

松浦がイプセンを出店した時代、ゲイバーはどこも盛況であった。男性同性愛者の出会いの機会が公園や駅のトイレなどのハッテン場にしかなく、あるいは、会員制のミニコミ誌としてわずかに流通していた「アドニス」などの文通欄を通じてしか、同好者と出会う術がなかったので、バー側にはある程度、客を選べる優位性があり、店主は多少、殿様商売でもやっていけた。

しかしそんなに繁盛するなら我も我もと誰もが同じ商売をはじめたかというと、けっしてそういうわけではなかった。昭和二十年代から三十年代にかけてのゲイバーの数は都内に数十軒ある程度で、その理由は第一に、今日ほどには需要がなかったから。自分のなかに同性愛の欲望や、性別越境への指向があるのを認めることができたり、それを実際に光の下で行動に移せる人間はまだ限られていただろうし、多くは自分のなかの〝不可解な欲求〟に悶々と過ごすしかなかった。あるいは、身近な偶然にありつくしかなかった。そもそも異性愛のひとびとにしても、一九五〇年代は、気軽に性愛を交わせるような社会状況は到来していなかったわけで、今日のような「婚前交渉」が当たり前となった時代の感覚からは遠い。

第二に、そうした時代状況ゆえ、ゲイバーを開く覚悟がある人間など稀にしかいなかったと考えられる。同性愛に対する禁忌は現在とは比べものにならず、同性愛者を自称したりそれを商売に選ぶことは、言い方は悪いが、まっとうな人生を捨てることと同義だった。ちなみに、一九九〇年代ですら、店主が脱サラではじめたゲイバーが物珍しがられていたくらいである。イプセンがゲイバー化しても松浦がそれをやめなかったのは、内外タイムスなどの報道によって有名店になり、もう後戻りすることができなかったことや、戦後、劇作家としての再起がうまくいかなかったこともあるだろう。あるいは、経営の障害となるかもしれない親族関係と断絶していたから、その天涯孤独な境遇がゲイバー経営を可能にさせていたのかもしれない。

遺言は「人に頼るな」

さて、イプセンはそれから八〇年代末まで四十年近く営業を続け、ちょうどバブル経済がピークを迎えるときに閉店することとなる。支店を広げることもなく、最後まで同じ場所で一つの店舗を守る堅実な商売だった。

九二年に筆者が探し当てたときには、松浦貞夫は大久保のマンションで悠々自適の隠居生活を送っていた。すでに八十代だったが、矍鑠とした老人というよりは孤高の老紳士の趣で、頭脳も明晰のまま、若き日の美しささえ彷彿とさせながらそこに暮らしていた。自ら「孤独癖」と称していたとおり、付き合う友人も少なかったが、日々、株価を確認しに新宿駅前までバスを使って出かけ、お気に入りの喫茶店で珈琲を飲み、新聞をゆっくり読んで帰ってくる。そんな孤独な日々を愛し、その繰り返しのなかでゆっくりと老いていった。

私は新宿二丁目の性的マイノリティのお祭り「東京レインボー祭り」にも誘ってみたが、本人はゲイバーの元祖であることに関心がなく、引退後は二丁目に赴くことすらなかった。そして二〇一〇年、大久保の特別養護老人ホームの個室で静かに亡くなる。満百歳のお祝いをした後のことだった。

最後に、劇作家にしてゲイバーの嚆矢だった松浦貞夫が、九十七歳のとき、「大久保地区地域だより」に寄せた文章を紹介しよう。

「バラの花咲く夢の生涯は、過酷な茨の道であった。しかし『明治、大正、昭和、平成』と生き延びた九十七歳の今、『あなたの長寿は私たちの最後の象徴。生活のお手本。』と、人たちの声を耳にし、これぞ『私の一番輝いている時』といえるのではなかろうか。

それから、健康面についてであるが、私は毎日外出。雑踏の街を歩き回るそれだけである。

更に、親しかった友人たちの事であるが、彼らは『想い出』だけを残して一人残らず去って逝った。しかし、その生存に対する厳しかった願望を引き継ぎ、私はひとり生き続けているのである。

若き日の松浦氏

若者については『与えること少なく求めることの多い』身勝手さはあるも、かつての時期苦闘を重ね、勝ち残った戦士である現代の老人たちと、親しい交渉を持ってほしいと願っているのである。

――バラ一輪の夢を追う男の、座右の銘は
『人に頼るな、先ず自分に頼れ』」（平成十八年）

夜曲殺人事件

話は高度成長期のことになるが、前述の夜曲のその後についてもここで記しておこう(「ゲイの考古学」からの改稿)。

日本のゲイバーの源流は、戦前からの流れを汲むブランスウィックや新宿の夜曲、終戦後すぐ浅草に開業した**博多屋**などであった。そんなゲイバーの先駆けであった夜曲が後にたどった運命について記してみようと思う。

一九六二年九月七日付の『読売新聞』の14版に、「新宿のバーで殺人」というタイトルの記事が大きく報道された。

【むし暑かった六日夕、東京・新宿の盛り場のどまん中でバーの経営者が殺され、室内の金庫などが荒らされるという凶悪な強盗殺人事件が起こった。場所が付近の女給やパチンコの景品買いなどもまじったヤジウマがせまい路地をうずめごった返した】

【六日午後五時十分ごろ新宿区角筈一の七九六ゲイ・バー「夜曲」経営者佐藤静夫さ

ん（六二）が同店二階で死んでいるのを出勤してきたバーテンの根本則由さん（一八）が窓越しにみつけ淀橋署新宿駅東口交番に届け出た。同署で調べたところ佐藤さんは首をタオルで絞められており、室内も物色され電話線も切られていたので警視庁捜査一課、鑑識課に急報、強盗殺人事件の特別捜査本部を同署に設けた。調べによると佐藤さんはちぢみのシャツにステテコ姿で二階から階下に行く階段の踊り場にあおむけに倒れ、上半身は階段にさかさまになっていた。首のタオルはきつくひと巻きされ、顔は血でよごれていた。両手に抵抗したらしい傷があった】（『読売新聞』一九六二年九月七日）

第一報では、犯人が鍵のありかを知っている者か、マスターが閉店後に中に招き入れるような親しい間柄の人間ではないか、と推測している。

この頃にはまだ、強盗殺人という行為に相当な衝撃力があった。実際、この夜曲殺人事件は、読売新聞では第一報を含め、犯人が逮捕されるまで十二回にわたって報道されている。要するに大事件だったのである。そしてこの事件への世間の強い関心は、その舞台がゲイバーという特殊な場であったことにもよった。ある年配のゲイの方はこう思い返す。

「僕はあの頃、田舎にいたけど、すごく驚いたよね。ゲイバーなんていうものがあるなんて知らなかったし、〝男のママさん〟が殺されたなんて報道もあったんだから。たぶん、あれが大新聞が〝ゲイ〟なんていう人たちがいることを最初に伝えた記事だったんじゃないかな」

事件は当然、新聞だけではなくて週刊誌でも大きく取り上げられた。『週刊読売』は「〝続殺人事件〟誌上捜査会議」という特集記事の中で、警視庁捜査一課の鈴木正吉係長や、取材記者などに捜査状況についてインタビューしている。


【――新宿のゲイ・バーのママさん、といっても男だが、この殺人事件(九月六日)……。なにしろ特殊な世界だけに、捜査も難航しているようですね。

鈴木　いやいや、もう少し楽しんでからね。(笑い)

――だいたい、当たりがついている……。

(略)

B(記者)　騒いでいるところへ、翌日、犯人が盗んだ預金通帳が、渋谷の公衆便所から出てきた。
岩田　いやいや、通帳はね、発見したのは死体が見つかる一時間前、つまり六日だったんですよ。水洗便所が詰まったんで、人夫さんが調べて見つけ出した……。
（略）
鈴木　実際は、家族も、犯人がおろした銀行に被害者が預金していたことは知らない。（略）この事件はね、ゲイ・ボーイの呼び名が、みんなミーちゃん、ハーちゃんなんで、本籍、本名がわからない。経歴もわからない。男が女の名前で「ヨシ子さん」なんていっているんだから。
――殺された男だって、ママさん……。
鈴木　そうなんです。この捜査は、このミーちゃん、ハーちゃんを解明するのが、捜査の根本なんですが、これに、えらく骨が折れる。
C　五十万円の現ナマでしょう。相当ハデに使っているね。この点で周囲から割れないか？
A　ぼくは反対だと思う。男ならそうだけど、これは非常に女性的なんで、たとえば女に五十万円やると、かえって使わない。（略）】（『週刊読売』一九六二年十月七日号）

先の年配の証言者だけでなく、この事件の報道によって、東京へ行けばそういう人たちが集まるバーがあるのだ、という思いを描いたゲイたちも多かったに違いない。夜曲は、日本においてゲイバーという飲食業の礎をつくるのに貢献し、最後はマスターの死をもって、そういった出会いの場の存在を世に知らしめる役割を担ったのである。マスターの意図するところとは別に。

結局、この事件の犯人は夜曲の元ボーイであった。

【東京・新宿のゲイ・バー「夜曲」の経営者佐藤静夫さん（六三）を絞殺、佐藤さん名義の銀行預金五十万円をひき出し、強盗殺人容疑で全国に指名手配中だった住所不定、元同店ボーイ那倉孝（二七）は十月二十四日午前一時三十分、潜伏先の北海道札幌市（略）アパートで（略）逮捕され犯行を自供、札幌中央署に留置された。またいっしょに高飛びしていた那倉の友人森田章（二二）も重要参考人として取り調べている。

同本部は森田も、那倉が奪った金と知りながら使っていた疑いで逮捕する方針でおり、簡単な取り調べをすませしだい、身柄は東京に護送する。事件は四十八日ぶりで解決した】（『読売新聞』一九六二年十月二十四日）

【那倉は午後零時三十五分札幌中央署からタクシーで札幌駅に着き、同駅公安室で休んだあと気動車に乗り込んだが、見るからに蒼白い顔。紺色のスポーツ・コント、黒いオープンシャツ、グレーのズボンをはき、すんなりした一見どこかの坊ちゃんといった印象で、とても二十七歳にはみえない。これまでの特殊な職業のせいか首筋のあたりが女性的だ。

（略）

那倉（しばらく考えて、ようやく話し出す）ここまでくればだいじょうぶと思った。（弱々しい声で）とにかく遠い所へ行ってみたかった。それに東京でいっしょに仕事をした人もいたから……（略）申しわけないことをした。佐藤さんにはすまない】（『読売新聞』一九六二年十月二十四日夕刊）

犯人のボーイはゲイではなく、ストレートだったのかもしれない。当時、夜曲はストレートのボーイを雇う方針だったという。

ところで、この事件を掘り起こす過程で、私は何人かから殺された佐藤さんについてのあまりかんばしくない風評、思い出を聞いた。他にあまり行く店がない時代だったので、そういう有利な立場をいいことに客に対して居丈高に振る舞っていただとか、取り立てのためにホモをばらすと会社まで押し掛けていったとか……。ある人は「だから、死んだと聞いても誰ひとり同情しなかったんだよね。それは本当に」とまで語っていた。

一方、ライターのかびや・かずひこは、この事件についての記事の中で、〝カバヒメ〟とあだ名されていた佐藤さんが面倒見がよく、愛想がよい人だったと好意的に記していた。また、かびやはそこで佐藤さんの胸のうちを表すこんな本人の言葉も紹介している。

【早いはなしが、あたしたち商売なかまどおしだって、おたがいに親しいつきあいをしているものはほとんどありませんし、またあっても、そのあいだになにかまずいことがおきたとなると、パッタリと交際断絶ばかりか、かげぐちのたたきあいですよ。また、お客さんにしたって、どんなになじみになっても、外であえば、どこの馬の骨とかいうように知らぬ顔ですものね】（『裏窓』一九六二年十二月号）

この事件の捜査の中で、店の名簿が警察に渡り、取り調べに応じることになったゲイの客たちも少なからずいたという。夜曲のマスターは亡くなったにもかかわらず、そのことでもまたずいぶんと顰蹙を買ったらしい。

実際、かびやによると、佐藤さんの葬儀にはゲイバー関係者の顔は見えず、花輪にもそういった名前はなかったという。ゲイバーの元祖の葬儀にしてはあまりにも寂しく、孤独な死だった。

彼が死後の評判によって二度殺されたとしたら、それは同朋のなかにすら巣食うホモフォビア（同性愛嫌悪）のなせるわざだったのかもしれない。一九五三年、彼は「風俗草紙」誌上にも写真入りで登場し、堂々と自身のセクシュアリティについて語っている。マイナーな雑誌とはいえ、時代状況を鑑みれば、その勇気には商売を超えた志のようなものを感じざるをえない。佐藤さんの柔和な表情を見るたびに、私は、当時の同性愛者の置かれた無慈悲な社会環境を悲しく思うのである。

第四章　淫風の街

遊里目的の宿場

「淫風」という言葉を知ったのは、新宿二丁目に関する資料を渉猟しているときだった。評論家の平井玄が著作『愛と憎しみの新宿』のなかで用いているのに、思わず膝を打った。

一九五二年に新宿二丁目の「洗濯屋の倅」として生まれた平井氏は、この街で育った。家業のクリーニング屋は大正時代から遊郭の洗濯を請け負う店だったという。

「遊郭が廃止されて数年の一九六〇年代初めには、街のそこここに青線バーの女たちが振りまく残り香が漂っている。ゲイたちもまだ目立たなかった。旧軍時代の大陸、おそらくは上海辺りで男色の味を覚えた者たちが集う秘めやかな酒場はあった。

『ラ・カーブ』つまり洞窟という。瘦身で口数の少ない五十代のマスターは、いつも斜め後ろに刺すような眼光を向けていたと思う。奥まった路地でブルーボーイと呼ばれた丸山（美輪）明宏のスレンダーな姿を見たという噂も耳にしたが、宿場女郎の気風がまだ残っていたと思う。これは黒塀に囲まれた料亭のある神楽坂や四谷荒木町の粋筋とは異なる荒い淫風である。十歳の少年も薄々それを感じていた」（『愛と憎しみの新宿』）

上海で男色……云々のあたりは少なからず著者の空想によるが、平井少年が感じていた「荒い淫風」というのはこの街で暮らしていた皮膚感覚の記憶だろう。こうした（今の言葉でいえば）空気感が、その後、新宿二丁目にゲイたちを呼び寄せる遠因となったことは間違いない。

そもそも新宿の発祥は江戸時代に宿場が置かれたことにはじまる。江戸時代中期、新たな宿場として甲州街道に内藤新宿の開設が許された一六九八（元禄十一）年。甲州街道の場合、他の街道と比べて、日本橋から次の宿場までの距離が四里二丁（約十六㎞）と倍近くあり、人馬の負担が大きかったので、その中間にもう一つ宿場を置くことが求められた。というのはどうやら建前で、この地にわざわざ宿場を作ろうと請願した浅草の商人、高松喜兵衛らは、最初から遊里の趣のある宿場を開設して、一儲けしようという算段だったらしい。東海道の品川宿、中山道の板橋宿、日光街道の千住宿の三宿は、遊興の地として繁栄していて、当時の江戸において一日にして千両の金銭が動くのは魚河岸と芝居小屋と吉原の三ヶ所だけだったというのだから、宿場の開設は彼らにとってビッグビジネスだったのだ。

江戸時代は集娼政策で、遊女を置くことは正式には吉原にしか許されていなかった。それ以外の私娼は取り締まりの対象とされたが、実際は、宿場の旅籠屋にいた飯盛女や、茶屋の茶屋女もそうした相手をすることがあり、客もそれを目当てに暖簾をくぐった。現代の風俗嬢が垢すりやマッサージを建前にしてセックスのサービスをしているのとそう変わらないだろう。

そうして高松喜兵衛らは幕府に金五千六百両を上納し、高遠内藤家や旗本から幕府に上地された甲州街道を拡幅し、沿道に宅地を造成して売買した。そうした喜兵衛らの奮闘努力によって、四谷大木戸の門外から（現在の四谷三丁目交差点あたり）、甲州街道と青梅街道が分れる追分（現在の新宿三丁目交差点）の付近まで一㎞あまりの間に七百三十八軒がひしめくことになり、町は大いに活気づいた。旅籠屋も五十二軒が立ち並んだという。

つまり、これらが民間主導で成されたという点、最初から「ヤリ目だった」といっては下品だが、セックスで儲けようとしてはじまった点において、内藤新宿の性格は今日まで引き継がれているといっても、あながち間違ってはいないだろう。

現在の新宿の大繁華街、歌舞伎町は終戦後、角筈地区の町会長だった鈴木喜兵衛によって計画されたもので、一市民の奮闘を起点にしている。また新宿の歴史は、性風俗との取り締まりの歴史といっても過言ではなく、その自由な気風、言い換えれば淫風に吹かれて性風俗が瀰漫《びまん》し、反動で公権力などの介入も受けるが、その目をかい潜ってまた新たな風俗が芽吹き、根を広げていく……のを繰り返している。

実際、内藤新宿は開設から二十年後（一七一八年）に幕府によって廃宿の憂き目を見る。時の将軍・徳川吉宗の享保の改革によって風紀の取り締まりが厳しくなり、江戸四宿も飯盛女の数に制限を設けられるなどした末に、まだ歴史の浅かった内藤新宿は、ある種、スケープゴートとなって廃止の憂き目を見た。それからはさびれる一方となり、住民たちは何度も幕府に宿場の再開を求める請願を重ねた。そして念願が叶ったのは、名主に転じた高松家も五代・喜六の代になった五十四年後。十代将軍の徳川家治の下、重商政策と賄賂で名を残す田沼意次が実権を握っていた頃のことであった。

「この内藤新宿再開の年、内藤新宿を含め江戸四宿である、品川・板橋・千住の各宿において、飯盛女の数が定められた。品川宿は五〇〇人、そして板橋宿・千住宿・内藤新宿がそれぞれ一五〇人ということになった。

幕府が内藤新宿の再開に合わせるかのように、このような定めを出したことからもわかるように、宿場はもともと遊里としての性格をもっており、このことが度を越さないよう、一定の枠を決めたようである。このことからもわかるように、内藤新宿廃駅の理由は、旅宿としての度を越した遊興に、大きな原因があったようである」（『新宿・街づくり物語』）

花園神社の同性婚

この「度を越した遊興」というものが、新宿という街には連綿とつきまとい、それを巡っての綱引きが一つの風土ともなっているのかもしれない。

名著『新宿ゴールデン街物語』のなかで著者・渡辺英綱は、

「新宿の風俗営業に関する風紀上の乱れは、なにもいまに始まったわけではない。江戸三百年以来このかた『お上に逆らわず、従わず』というのが、本来的にもつ新宿の体質なのである」

と述べ、一八二七年に新宿近郊の村の名主やらから町奉行に出された上申書を紹介している。

「そこには、『村役場に勤める百姓のせがれどもが、新宿の遊興に金を使いこんで勘当された』とか、また『村の若者が小唄や三味線を覚えて困る』とか、『娘が新宿の遊女の衣類などの流行に染まり、遊女たちがつかうことばをまねてこまる』、あるいは『村々の者どもが用事にかこつけて、新宿にみだりに出入りし、帰宅が遅くて困る』などという苦情があふれている。そして、村の者一同なやんでいる実情を述べ、なんとかしてほしいと願いでている。

昨年、新宿のPTAの人々や商店会あるいは住人の人々が、百五十年以上も経た現在の歌舞伎町に集まる若者の姿に対してこれと同じような苦情を述べ、都や区に陳情したそうだが、まったくその事情のよく似ていること、思わず苦笑を誘うほどである」（同

書、初版・一九八六年）

性の快楽や誘惑は、労働や血縁関係によって秩序づけられたひとびとの日常を攪乱する。だから、共同体を統べるものや、その倫理を守ろうとするものは、潜在的にそれを脅威とし、排除したり管理しようとするのだろう。

文化人類学者の深作光貞は、一九六八年の著作『新宿 考現学』のなかで、新宿の守り神でもある花園神社について、

「この三光院花園社が経営上の理由からすでに江戸時代に境内を貸して芝居小屋を建てさせていたことが記録にみえるのは、現在との暗合なのであろうか、おもしろいことである」

として、歌舞伎役者が男色の流行に拍車をかけたことに注目する。

「彼らは、遊女なみの高料金をとり、茶屋を舞台に、倒錯した情事が花園神社を中心にして新宿でもくりひろげられた。

（略）このような風潮は、十八世紀の後半、宝暦、明和、安永、天明といった年代に最盛期を迎えたらしいが、それからほぼ二世紀を経た今日、所も同じ花園神社付近を根城

にして、ミニスカートの男娼たちが徘徊しているのは興味深いことである。もう、だれも江戸時代の史実など知っているはずがないのだけれど」（同）

古来から芸能と売笑は切っても切り離せない縁であるが、江戸時代から花園神社はそうした場を提供することで新宿という街を彩ってきた。同性愛だって必ずしも否定しない。

かつて面白い事例があった。東郷健の対談集のなかで、芸能レポーターの梨元勝が、花園神社での男性同士の結婚式のことを語っているのである。

「ブッチ・ムシャという人と、乃木坂のマンションの中でバーやってるエディ・新井という人が男同士で結婚したのを、ＴＢＳの、朝の番組でやったことがあるんですヨ。（略）そしたら花園神社で大変な議論がかわされたらしい。（笑い）要するに、中で取材をうけるか、うけないかでね。前にも取材した事あるから知ってたんですが、結果的にはＯＫになったんです。

（略）やっぱり、一番上の神主さんは出て来なかったですネ。どうしても自分としては理解できないとネ。でも若い人と女の人とは、いや、二人が合意しているならば、いいじゃないかという決定となったわけ」（『東郷健の突撃対談』）

その様子はＴＢＳのワイドショーでも放映されたという。二〇一〇年代になって東京ディズニーランドで同性同士の結婚式を挙げて話題になったレズビアンのカップルがいたが、それよりも三十年も前、八〇年代初頭に花園神社でそのようなことが行われていたとは、同時代を生きていた筆者も知らないことであった。淫風の街の総鎮守の面目躍如である。

牧場から貸座敷へ

さて、話を内藤新宿に戻すと、廃駅後、度重なる請願によって再開した宿場はすぐさま繁栄を取り戻す。

「宿駅とはいえ客の求めに応じ、遊廓の趣をしだいに濃くしていくのにそう時間はかからなかった。ちなみに、明和九（１７７２）年における旅籠の数は三八軒。その後、寛政一一（１７９９）年には五七軒へと増えていった。この他にも茶屋が置かれ、文化三（１８０６）年には茶屋の数も六二軒を数えた。内藤新宿は、次第にこれらの施設が街道の両側に軒を並べ、歓楽街を形成するようになっていった」（『新宿・街づくり物語』）

そして、この遊里の賑わいは維新を経て明治の御代になっても続いた。

「毎月一日、十五日、二十八日が内藤氏の菩提寺太宗寺の縁日で、この日は遠くから大勢の人が集まってきて新宿通りは大変なにぎわいになった。当時貸座敷（遊廓）はまだ張り見世だった。

張り見世は廊下より一段高くなっていて、お職から順々に並んで席に坐った。格子のむこうの妓たちは（略）朱塗りの見台を前にぞろりと居並び、これも朱塗りの長キセルをふかしながら客を待っていた」（野村敏雄著『新宿裏町三代記』）

ここでなんで遊郭のことを「貸座敷」と呼んでいるかというと理由がある。一八七二（明治五）年、マリアルース号事件による裁判で、日本における遊女の人権が国際的な問題になると、明治政府は体面上、妓楼などをそのまま放置することはできず、同年に太政官布告を出して、前借りによる「人身売買」を禁じた。しかし、これも、妓楼の座敷を借りて娼妓が自主的に営業する、という建前を取ることになっただけで、妓楼の賑わいは変わらなかった。東京府は一八七三（明治六）年、「貸座敷渡世規則」「娼妓渡世規則」を公布し、貸座敷業者（楼主）と娼妓に免許地での遊女商売を許可することとし、月々二円の鑑札料が課せられるなどして、結局のところ公娼制度が確立された。

ところで、一八八五（明治十八）年になると、日本鉄道によって内藤新宿駅が開設された。鉄道が宿場を寂れさせると住民たちからの反対運動で、追分から新宿一丁目にかけての繁華な地からわざわざ西に遠ざけられての立地だったが、その四年後に甲武鉄道（のちの中央線）が乗り入れ、駅名も新宿駅となった。一九〇三（明治三十六）年には路面電車（市電）が東から追分まで延びてきて、大正期に入ると、京王線や西武線も新宿に繋がり、ターミナル化が進む。関東大震災による被害も逆手に取り、建物は刷新され、場末の宿場から商業地へと新宿は拡大していく。

一方で、大正初期になってもまだ、大木戸から追分までの約一㎞の甲州街道沿いには妓楼が並び、立膝でキセルを吹かす娼妓が「張り見世」で通りを行き交う男たちを誘っていた。後述の山田歌子さんが父親から聞いたところによると、妓楼は甲州街道沿いにぽつんぽつんと点在していた様子だという。そのうちに「張り見世」は問題視され看板は娼妓の写真に変わるが、近隣の品性が損なわれている印象は拭えなかった。明治維新後、かつて内藤氏が領有した広大な敷地が上地され、皇室の行事などで皇族や高官が集まる庭園「新宿御苑」となっていて、ここでも例の「度を越した遊興」は風紀の乱れとして問題となった。

一九一八（大正七）年、警視庁は街道沿いの貸座敷に移転を命じ、それらが集められた場所が、現在ゲイ雑誌やポルノグッズなどを販売しているルミエールや新千鳥街がある新宿二丁目の区画である。元は芥川龍之介の実父が経営していた牧場があって、牛舎からの匂いが酷いのに近隣住民から苦情が絶えなかったため、警視庁から移転命令で牧場は立ち退き、以後しばらく空き地になっていた。そこに貸座敷五十三軒が揃って引っ越し、竣工中、二度の火事に見舞われるアクシデントも乗り越え、一九二二（大正十一）年に「新宿遊郭」はモダンな建物とともに誕生した。そして翌一九二三年の関東大震災に際しては、ぎりぎり災禍を免れ、新吉原などが被災してしまったためにかえって繁栄を増すという幸運にも恵まれた。

野村敏雄著『新宿裏町三代記』には大正期の新宿遊郭の様子がこう綴られている。

「新しい遊廓からはもう明治の面影は見られなかった。

（略）二丁目の原っぱへまとめられた遊廓は、不夜城の吉原のごとくその一郭が一大歓楽境と化し、吉原といえば遊里を指すように、〈二丁目〉といえば新宿遊廓をあらわすようにさえなった。しかし色街も建物も新しくはなったが、あの狭斜の巷の異様な外観と雰囲気は明治の昔と本質は少しも変りはしなかった。〈浪に千鳥〉や〈竹に虎〉の漆喰細工の飾り絵はなくなっても、花街風俗の一つでもある遊廓建築の独特な異様さは、明治も昭和もおなじであった。

（略）異様な印象は年少の私の記憶の中にもある。小学校の同級に遊廓の子がいた。一度何かで学校の帰りにその子と一緒に家までいった。その家も表に衝立のような大きな目隠し塀があり、窓や嵌めこみのガラスは赤や青や黄や緑や橙色のきれいな色ガラスだった。総二階の大きな家で、二階の窓には朱塗りの欄干がついていて、その上の庇には一間置きぐらいに鈴蘭のような形をした電球の笠が吊り下がっていた」

繰り返し語られる「異様」という表現は、内藤新宿以来の「淫風」のにおいを、著者が子供ながらに感じた印象なのだろう。

そして昭和初期、モダンな妓楼として人気を博した新宿遊郭も、太平洋戦争末期の一九四五（昭和二十）年の五月二十五日、深夜から翌朝にかけて米軍による空襲で灰燼と化した。新宿の街で焼け残ったのは伊勢丹や三越など鉄筋コンクリートの建造物だけで、あたり一面、焼け野原となった。

赤線時代

終戦後の一九四六年には連合国軍総司令部から「公娼制度廃止」の覚書が出されるが、日本政府は廃止の体裁を取りながら(「娼妓取締規則」等の関係法規を廃止)、同年、警視庁は公認の集娼地域を設け、特殊飲食店としての営業を許可した。これまた飲食店側は場所を貸すだけで、私娼がそこで勝手に客と自由恋愛をする、という名目での商売が認められたのである。この指定された地域が赤線と呼ばれ、無許可で私娼が商売をしている区域が青線と称されるようになった。新宿二丁目で新宿遊郭があった区域もほぼ赤線となり、そこに隣接した青線地域ともども戦前の賑わいを取り戻していく。

復興後の赤線の様子は多くの文学作品にも残されている。たとえば、五木寛之の『青春の門 自立篇』にはこう記述されている。

「三光町の交差点を左に折れ、都電のレールをこえると、そこは奇妙な街があった。
『ここが二丁目だ』
と緒方は右手をぐるりと円を描くように回すと、信介に言った。

『まだ早いから静かだが、夜になるとちょっとしたもんだよ』

西日を浴びた建物は、なんとなく白けた感じで、ネオンのガラス管や、タイル張りの壁や、洋風のレリーフや、ギリシャ建築まがいの円柱などがしんと静まりかえってたち並んでいる。

（略）緒方は信介をうながしてその店のドアを押し、なかへはいっていった。ちょっとした踊り場のようなフロアがあり、椅子やテーブルが並んでいて、大きな時代がかった電蓄が壁際にあった。天井には万国旗の小旗が十字にかかっている。フロアの横に階段があり、（略）緒方は勝手知った様子でその家の二階の廊下をぬけ、奇妙な形に折れ曲がった部屋の配置を信介に指さしながら、まだ昼間だから静かなもんだ、と言って笑った。

『夜になると面白いぞ。あっちでもこっちでも女たちの例の声がきこえてな。あれは客に早くいかせるための演技にすぎんがね』」

赤線の外観は相当にケバケバしいものだったらしく、昭和二十年代、やんごとなきあたりが目白の学習院に通うようになると、新宿二丁目の大通りに面した赤線周辺を板で覆って隠すような措置がとられたとかで、ここでも、終戦後そう経たずして「度を越した遊興」は問題視されている。

そういえば、日本初のストリップショウも、敗戦まもなく焼け残った伊勢丹向かいの帝都座ではじまった。ボッティチェリの「ヴィーナスの誕生」に見立てた額縁ショウで、裸の女性が手で胸や局部を押さえた格好でそこに収まっているだけの趣向だったが、大評判になったと伝えられる。赤線といいストリップといい、食うや食わずの終戦後の食糧難にもかかわらず、この街に関わるひとびとのエロへの貪欲さには驚かされる。そして戦火のあとの瓦礫のなかからも甦る、その淫風のたくましさにも！

新宿という街の「度を越した遊興」の種火は、一九五八年、売春防止法の施行によって新宿二丁目の赤線の灯火が消えた後も、歌舞伎町などに飛び火し、また歴史のなかに焼失した遊郭の灰は、そののち二丁目が、同性愛という新たな淫風を繁茂させていく沃土となったことは間違いない。遊興や淫風の中身が変わっても、ここに来るひとびとがそうしたものを求めていることは、実は、三百年以上も変わってないのである。

第五章　よそ者たちの系譜

ゲイバー以前の二丁目

いまや、新宿二丁目の、ゲイバーがひしめき合う以前の姿を記憶にとどめている地元住人はほとんどいない。世代交代が進んだこともあるし、もともとこの街はひとの出入りが激しいのだ。それはここが宅地を含みながらも、その中心に歓楽街を置いているためだろう。色を売る商売は客の移り気に左右されるし、色気は加齢とともにあせるものだから、今は若くてもいずれは誰かにその席を譲らなければならない。内藤新宿が人為的に作られた商業地だった由来を振り返れば、この地が、代々の田畑を継承してきた共同的な精神とはまた異なる気風を引き継いできたことにも、納得する。

文化人類学者の深作光貞は、新宿そのものの性格をこのように綴っている。

「流れ者が多く、雑多な人間の寄り合い世帯のような新宿の住人には、多少とも挫折の経験をもった者がほとんどである。彼らは、だから、いまさら格式とかプライドにはこだわろうとはしない。妙なことをする仲間がいても他人にはあまり干渉せずにともかく共存していこうという寛大さがある」（『新宿　考現学』）

この本で深作は、一九六〇年代末の激動の新宿をフィールドワークした記録を残しているが、先の考察は、今回、私が取材した新宿二丁目の住人――ゲイバー街になる以前からそこに居住し、この街を支えてきた家系のみなさんの印象と重なる。

現在、この街を縁の下で支えているひとたちは、親や祖父母が戦後になってこの地に移り住んだ世代が中心になっている。戦前から続いている家系はあまり残っていないし、地権者でも、所有するビルだけ残して他の土地で暮らしている方もいる。

新宿二丁目で高いシェアをもつ業務用の酒店、藤原商店は、現在の代表取締役・藤原秀三氏の親の代からの商売である。初代の藤原癸夫氏は一九一三（大正二）年、新宿から遠く離れた茨城県真壁郡長讃村西押尾に生まれた。一九三〇（昭和五）年、下館商業を卒業した後、就職も決まらないままに上京して日本酒メーカー、沢の鶴に見習い社員として入社。そこで新宿付近の営業も経験する。

それから、癸夫氏は元同僚の引きで満州の国策会社へ移り、現地に妻を呼び寄せ、家族をもつ。敗戦で苦労の末、一九四六（昭和二十一）年、食うや食わずで本土に引き揚げてきた。

裸一貫で再スタートを切ったのは日暮里の古着屋だった。その極貧生活のなかで息子（秀三氏）も生まれ、どうしても独立して酒屋をやりたいと考え、借金をして新宿二丁目の地所を手に入れた。一九四九年に味噌醬油の小売業を開業、翌年、知己を頼って取得が困難だった酒の免許も取得した。以後は順調に商売を広げ、現在では年商二十億の企業に成長している。

社史によると、

「酒店開業後は昔取った杵柄で、それに沢の鶴時代に新宿を地盤として営業していた縁もあった。二人とも寝る間も惜しんで働き、初年度五百万、二年目一千万、三年目二千万と毎年倍々の売り上げを続け、五年目頃は一億を超えた」

終戦後の新宿の復興、さらなる街の拡大の勢いに乗って、藤原商店も急成長を遂げた。沢の鶴時代に新宿駅付近を営業エリアとしていた地縁が功を奏したという話だが、二丁目の赤線などには戦前からの酒屋が得意先をつかんでいて、なかなか入っていけなかったという。二丁目内での販路はむしろ六〇年代以降、新規の飲食店の開業とともに広げていった。つまりゲイバーの進出と機を同じくしている。

藤原商店はその後、酒などの商売のほかに不動産にも事業を広げ、自社のテナントにはゲイバーも少なからず入っている。現・代表取締役の秀三氏によると、

「一つの店から独立していった店も得意先になり、またそこから枝分かれした店とも関係が引き継がれていくから、ゲイバーの得意先は自然と増えていった」

古着屋から不動産屋へ

古着屋から二丁目に転業してきたのは藤原商店ばかりではない。現在、二丁目で不動産業を営み、多くのゲイバーのテナントを手がけているフタミ商事も、元は板橋で古着屋をやっていた。

「両親は仕事も決めずに新宿に引っ越して来たんです。歌舞伎町にも狙っていた物件があったんだけど、そちらは先に手つけが入ってしまったので、二丁目に木造の家を建てた。一九五六（昭和三十一）年のことで、私が五歳のときでした。両親はそれからどう

いう経緯か不動産業をはじめることにしたんですよ」

と答えてくれたのは、現・代表取締役の二村孝光氏の母、二村枝美子さん。

それは折しも売春防止法が施行される二年前のことだった。女学校卒で利発だった枝美子さんの母、千代子さん（現・代表取締役の祖母）が宅建の免許を取って、外交的な父、紀由氏と夫唱婦随で不動産業を営んだ。開業当時の書類などはもう処分してしまったということだが、赤線の灯が消えるタイミングでの起業ということを考えると、その後の町内での土地建物の劇的な流動は、フタミ商事に大きな利益をもたらしたと考えるのが自然である。実際、開業から十年と経たずして、一九六五年、二丁目のなかに五階建てのビルを建てている。現在も残るフタミビルである。

「うちは仲介業だったから、両親はゲイのひとたちのことを嫌ったりはしなかったと思う」

と枝美子さんは語るが、仲介業だからといって少数者を嫌わないとはいえないので、それは初代の夫婦の人柄にもよったのではないか。実際、初代の孫にあたる孝光氏が代表取締役になった今日でもたまに、ゲイのお客さんに不快感を示すビルオーナーもいるそうで、半世紀も前に同性愛への偏見から顧客を選別しなかった創業者夫妻には、深作光貞がいうところの、新宿の住人らしい寛大さがあったのだろう。枝美子さんは、自分の父親が二丁目に吐き出されるゴミの山を、一人リヤカーを引いてもくもくと片づけるような実直なひとだったと語った。

浮き沈みの激しい業界

娼家（妓楼）というのは江戸時代から連綿と同じ家系が引き継いできたものかと想像するかもしれないが、実は、そうとはかぎらない。風俗研究家の第一人者、松沢呉一によると、江戸の遊郭の時代から妓楼や娼妓も人気商売で、客の入るところ入らないところ、人気のある姐さんない姐さんさまざまあり、けっこう浮き沈みの激しい業界だったという。だから廃業してしまう妓楼もあれば、新規参入する業者もあって、新宿遊郭でも新旧交代は少なからずあったと考えられる。

戦前の住宅地図と戦後のそれを比較していると、空襲や終戦を経たあとでは、赤線エリアに戦前と同じ屋号の妓楼（戦後の特殊飲食店）は数軒しか見当たらない。正確にはわからないが、戦前からの妓楼で戦後にも確認できるのは、「二楽」「美人座」「昭峯」「今日家」といったくらいで、あとはほとんど店名が異なる。もちろん経営者が同じで戦後の風潮に合わせて看板をすげかえたところもあっただろうし、戦前の楼主がそれなりに残っていたという話も耳にするので、過去からの継続性が切れたわけではない。が、戦後になってこの街で商売をはじめた新しい娼家もあった。

その一つが、**茂利家**《もりや》である。現在でも唯一、赤線時代の屋号を引き継ぎ、稼業をかえて釜飯・鉄板焼き屋を営んでいるのは、創業者の孫に当たる方だ。その細渕貴芳氏に話を伺ったところによると、茂利家は終戦後、彼の祖母が出資して両親に商売をはじめさせたという。祖母の細渕みつさんは埼玉県の浦和市（現在のさいたま市）の方で、かつて近隣に遊郭のような場所があって、その商売を見ていて、戦後、新宿遊郭の跡地で娼家を経営してみようと考えたらしい。つまりまったくの素人の、新規事業者だった。

ほとんどが焼けてしまった新宿遊郭のあたりは、五十坪ずつ区割りにして売られていたところもあって、その一区画を手に入れた。しかし当時は治安も悪く、敗戦後の混乱に乗じて誰かに不法占拠されないよう掘っ建て小屋を建て、息子夫婦に見張らせていた、というから、みつさんはなかなかの女傑であったのだろう。彼女の名前は当時の住宅地図にもしっかりとフルネームで記載されている。

山原の舞姫

仲通りに面してゲイバーが数多く入っている山原ハイツというビルがある。「やまはら」ではなく「やんばる」と読むということで、これが沖縄に関連していることは容易に想像がつく。実は、ビルが建つ前にはここに沖縄料理の有名店があった。

店主は沖縄の伊江島に生まれた平良リエ子さん。彼女は琉球舞踊の舞姫だった。昭和四年に生まれ、その後、父を追って母と本土に上京してきた。幼少時より日本舞踊の心得があったが、戦後、本格的に沖縄の古典舞踊を学び、それを東京で広めたことで知られる。彼女の天賦の才は、国文学者、折口信夫にも大いに評価され、当の折口の通夜でもその舞を披露したという。

語られるように、折口は同性愛者だったようで、二人の関係に不思議な偶然を感じなくもない。

その平良リエ子さんが一九五五年に、新宿御苑近くの緑園街に泡盛と沖縄料理の店を構えた。青線の連れ込み宿を改装した四坪の小さな店舗だったが、紀伊國屋書店の田辺茂一や評論家の中島健蔵などが常連となり、けっこう繁盛した。そして一九六五年にそこを移転。二丁目仲通りの遊郭の建物を改装して舞台付きの沖縄料亭として、新たに出店した。平良さんの伝記には、その様子が綴られている。

「そこは仲通りと呼ばれる元遊廓のあった赤線地帯のど真ん中で、今宵さんという美貌の遊女がいて、いちばん繁昌した店だった。（略）資金をどうして作ろうかと考えていたとき、目の前の電柱にサントリーが新しくビールを売り出す広告が貼ってあるのに気付き、ハッとひらめくものがあった。そこへ、近くの森本酒店の社長が犬を連れて通りかかった」（宮崎義敬著『繚乱の人』）

その森本酒店とは、前出の藤原商店よりも以前に二丁目にシェアをもっていた酒店である。それがきっかけでサントリーからの出資を得て、当時、台湾人の黄さんが持っていたその土地建物を譲ってもらい、開業に漕ぎつけた。

「店の女の子には琉球絣にカンプーを結わせ、七時半と九時半には舞台で唄と音楽、そして踊りを見せた」というエキゾチックな演出が受けて、文化人や政治家ばかりでなく若者たちにも人気を呼び、また沖縄出身者にとっては心のふるさとのような店となり、「東京の桜坂」とまで呼ばれた。沖縄の本土復帰の際には、山原にＮＨＫの番組の中継が入ったというのだから、新宿二丁目は沖縄のひとにとっても馴染みの深い場所だった。

平良リエ子さんは火野葦平の小説「赤道祭」のモデルとされ、その若き日に、作者の火野と恋に落ちた。しかし火野には妻子があり、結局、彼女は、彼との恋愛関係を七年で終わらせることとなった。それが原因で火野は自死したともいわれている。美貌の舞踊家は、文学史に残る悲恋のヒロインでもあった。そんな彼女も沖縄の本土復帰後、もう自分の仕事はやり終えたと舞踊を引退し、二丁目の山原も閉店。その後、関西で悠々自適に暮らしているようだ。

今日、ゲイバーが多数入居する山原ビルの下には、そんな切ない恋の物語も眠っているのである。

白系ロシア人、台湾人

本土から離れた島から出てきたひとは他にもいる。一九五〇年代に新宿三丁目、いわゆる「要町」と呼ばれるエリアに出店した蘭屋のマスター、前田光安は奄美地方出身で、水商売のかたわら大島紬の商いも手がけていた。彼が地元にいた頃の隣人で、のちに上京して出店したのが奄美料理の店、たかぐらの初代店主で、この店は代替わりして現在でも二丁目で営業している。最初の店舗は、前田が二丁目に所有する建物にあったはずだ。

新宿には、そうした周縁の島々のひとをも呼び寄せる磁場があったのかもしれない。そして、二丁目にやってきたのは地方や離島の日本人ばかりではなかった。こちらは戦前の記憶ではあるが、新宿区会議員を務めた長崎武文が、新宿二丁目町会が創立四十周年を記念して出した冊子『町会のあゆみ』に、こんな思い出を寄せている。

「駄菓子と云えば平井クリーニング店前の岡田さんを思い出す。あんこ玉が漸く五厘から一銭の時代、小遣い銭は豊富にあったので、当てむき（抽籤）などで何時も特大のあんこ玉などを貰っていた。子供達の集まる場所としては駄菓子屋前が最有力、べーごまをやる者、メンコで負けるとすぐ駄菓子屋へかけ込みメンコを買い求める良き時代でもあった。

子供達が集まる場所としては不向きであったが前角には白系ロシア人の経営になるロシヤ美人と云うカフェーの存在も面白い。何せ油ぎった太っちょな女給さん達が、それも洋装で多数見かけられた多分遊郭帰りを狙ったのであろう」（「竹馬時代」）

昭和の初期、亡命ロシア人のカフェーがあったというのも、何でも受け入れてしまう二丁目らしい。こんなところにも、この土地の雑種性や、懐の深さが垣間見える。

外国人といえば、敗戦後の新宿は、「第三国人」といわれた朝鮮や台湾など旧外地の人々が台頭し、活発に活動する舞台でもあった。稲葉佳子・青池憲司著『台湾人の歌舞伎町』によると、名曲喫茶として知られる「らんぶる」や「スカラ座」、あるいは風林会館を開いたのも台湾人だった。また現在の「ヒューマックスパビリオン新宿歌舞伎町」（旧・新宿ジョイパックビル）や「ヒューマックスパビリオン新宿アネックス」（旧・地球座）は、台湾人華僑の林以文氏のものだ。台湾人起業家の少なからずが、混乱期の闇市で財をなし、日本社会のなかで地歩を固めていったのである。

そのなかの一人に羅錦卿氏がいる。少し前の二丁目を知るゲイなら憶えているだろう。新宿通りを挟んで仲通りの斜向かい、てっぺんに円卓を載せたみたいなビルがあったことを。そこはラシントンパレスと呼ばれ、その屋上はかつて、スカイジムという名のゲイ向けのハッテン・サウナだった。それ以前には羅府会館といい（頭文字の羅は所有者である羅錦卿氏からとったもの）、一九六〇年代のはじめ、東京オリンピックで訪日する外人観光客を目当てに建設されたホテルだったらしい。当時、最上階の円卓部分は、本当に回転するレストランだったというのだが、それが、七〇年代には、その円卓の内側をゲイたちがぐるぐる回ってクルージングするハッテン場として用いられていたのである。

ちなみに、スカイジムを経営していたのはゲイショップの先駆け、パラダイス北欧を新宿南口に開業した香西正之氏。彼は全国のゲイバー地図を冊子に網羅した「GREEN LETTER」を発行したり、南定四郎氏が編集した「アドニスニュース」にも出資した企業家で、日本で最初にゲイ・ビジネスに着目した人物として記憶にとどめられるべきだろう。

話が先走ってしまったが、その羅府会館よりも以前にそこに立っていたのが、内外タイムスビルである。なにやら因縁めいているが、内外タイムスとは、あのイプセンを紹介する記事を掲載して、新宿二丁目がゲイバー街を形成するきっかけを作った夕刊紙である。実はこの新聞社も羅錦卿氏が起業したもので、彼はその社屋も所有していた。

戦前に台湾からの留学生として来日した羅錦卿氏は、終戦後、「第三国人」ゆえにGHQから用紙の割り当てが有利に得られることに注目して、新聞事業に乗り出す。そして内外タイムスを創刊し、本人は時を経たずして新聞からは手を引き、不動産ビジネスに転じたのである。地元ではラーさんと呼ばれ、知られていた。

ラーさんばかりでなく、二丁目にはかつて野球の王貞治氏の実家がやっていた中華料理屋「五十番」もあり、『愛と憎しみの新宿』の著者、平井玄の言によれば、「この一帯には台湾系の人々による日本人には見えないコミュニティが埋め込まれている」。

あからさまな対立はなかった

こうして取り上げていくだけでも、新宿二丁目という街が、よそ者たちによる寄り合い所帯と呼ぶにふさわしい土地だったことがわかる。さて、筆者の問題意識は、どうして新宿二丁目が世界でも類例のないゲイバー街を形成するにいたったのか、ということに尽きるのだが、その理由の一端が、二丁目という街が包含するこうした多様性や、住人たちの流動性にあったと考える。

終戦からほどなくして東京に雨後の筍のように現れたゲイバーだが、六〇年代に入るまでは、銀座でも新宿でも浅草でも上野でも池袋でもそんなに数に隔たりがあったわけではない。どのエリアにゲイバー街ができたとしてもおかしくなかったようにも思えるが、結局、それは新宿の二丁目でのみこの規模で実現された。その理由を探し求めて、私はこの本を書き進めている。

先に、一九八〇年代生まれのフタミ商事の二村孝光氏が、ゲイの顧客に冷淡な対応をする業者に驚いたことを記したが、むしろそれは稀なケースであって、だからこそ、そういう相手に出くわした際に驚きを禁じ得なかったということでもある。もしそれが常態化していたならば「こんなのいつものことだよね」と受け流すだけのことだろう。そして、よくよく考えてみれば、これまでこの街で、ゲイバーやそこにやって来るゲイ客が忌避されなかったとしたら、そちらのほうが興味深い現象ではないだろうか。今日のようなLGBTの人権が社会で語られるようになった時代ならともかく、この街にゲイバーが店舗を増やしていった六〇年代となれば、そうした動向や人々を嫌がるひとがいて当然のはずだし、そんな時代において、ゲイバーの出店にさほど障害がなかった状況はむしろ注目に値する。

そう、二丁目でゲイとそれ以外のひとたちの間であからさまな軋轢があったという話は、あまり耳にしたことがない。もちろんほかの繁華街同様、夜、酔客が暴れて住民が通報したり、クラブから溢れた若者たちの喧騒に苦情が出たとか、ビルの外壁に少々性的な看板を掲げたことにクレームが入った、というレベルのことならあった。けれど、二丁目でゲイやレズビアンが石を投げられたとか、ゲイバーの進出に反対運動が起きたとか、そういった動きは聞いたことがない。

一九六七年、明治通りと靖国通りが交差する対岸では、かの唐十郎氏率いる状況劇場が花園神社の境内に紅テントを建て、芝居を上演して評判を得た。しかしほどなくして、その内容が公序良俗に反するからと地元商店連合会の排斥運動を招き、神社総代会に使用禁止を通告された。それは演劇史上今日でも語り草になっている〝事件〟だが、新宿だからといってなんでも許容されてきたわけではなかったという証左でもある。一方、二丁目ではこれまでそのような対立が、住民や商店会と、ゲイバーやその客との間であからさまに生じたことはないのだ。

文化人類学者の砂川秀樹は、新宿二丁目をテーマにした博士論文を元にした著作『新宿二丁目の文化人類学』のなかで、二〇〇〇年にはじまった「東京レインボー祭り」の開催についての経緯を記している。これは二丁目で初めてゲイバーやレズビアンバーが共同して行ったお祭りで（全店舗が参加したわけではない）、ほぼ同時期に発足したそれらのバーを中心とする組合、新宿二丁目振興会が主催をしたものだ。

「当時の実行委員長の川口昭美【筆者注・故人】は、仲通り商店会に話を通すために、商店会の会長と会い、この祭りの開催への理解を求めた。当時川口は、商店会長と面識らしい面識はなく、自分が店舗を借りているビルのオーナーに仲立ちしてもらうかたちで顔を合わせることとなった。その顔合わせの場面に私も立ち会ったが、町会長は仲立ちをしたオーナーからあらかじめ祭りの話は聞いていたらしく、川口に『ああ、なんだ、あんたか、知ってるよ、昔からここで商売やってるじゃないか』と言った。そして、川口から祭りの企画書と菓子折りを受けとったが、とくに企画書に目を通すことなく、さほど詳しい説明も受けずに、『わかりました、がんばって』という言葉で了解した態度を示し、数分の立ち話で顔合わせは終了した」

新宿二丁目には商店会や町会といった住民や商店を中心とした組織があり、町会は盆踊り大会などのお祭りも催してきた。それとは別に、同じ空間で、別の新参者の組織が運営する祭りを開催するというのに、それが立ち話のなかであっさり決まるというのは、面白い！　こんなことが他の地域社会ではどの程度可能なのかわからないが、ここではどうも「差別者　対　被差別者」とか、「マジョリティ　対　マイノリティ」の構図がしっくりこない。

砂川はそういう合意が得られた背景をこう分析している。

「その『根回し』のさいに重要な役割を果たしたのは、二丁目で仕事をしていることによって形成されていたつながりであった。そのつながりは、大家と店子としての契約関係でもあり、同じ街で仕事を続けてきたという感覚でもあった。また川口は祭り終了後に、『二丁目に住んでいる人たちから「楽しかった」と言われてうれしかった。また酒屋も儲かったことで喜んでくれた』と語っており、住民とのあいだですでに一定の関係性が形成されていたことや、それが祭りで深まったことがうかがえる」(同書)

ルーツへの眼差し

社会学者の吉見俊哉は都市論『都市のドラマトゥルギー』のなかで、新宿という街の特徴を、「ありとあらゆる種類のヒトやモノを無差別に受け入れ、それでいておのれの独自性を失わない強烈な消化能力をもっていた」と記しているが、まさにそうした性格を象徴するのがこの「東京レインボー祭り」の事例だろう。元来、新宿や新宿二丁目という街がもっていた気質や土壌の上に、少しずつ蓄積されてきた共有体験が、縄張り意識や偏見よりもプラスに作用していたといえる。もちろんなかには反対するひとたちもいて（軒を貸して母屋を取られるようなものだから、住民感情を考えれば、それも自然な意見だ！）、砂川氏によると、祭りの名称に関して当初は「新宿二丁目祭り」を予定していたが、住人から警察への要望によって変更を余儀なくされたという。しかし、これもあくまで一部住民からの訴えで、町会や商店会が反対していたというのでもない。

今も昔も二丁目では、以前からの住人や商店と、ゲイバーやその客らとの交流はそれほど活発とはいえないものの、それなりに人間関係が培われてきたのも事実だった。先に触れられていた新宿二丁目振興会の川口氏も、商店会長とは面識がなかったものの、自身のテナントが入っているビルオーナーとはすでに人間関係があったわけだし、それぞれのゲイバーとビルオーナーとの関係も、年月をかけて積み上げられてきたはずだ。地権者が二丁目とは離れた他所に住んでいる場合もあるが、この町内や、雑居ビルの最上階などに居住しているオーナーもけっこういて、そのひとたちも（全員が全員でないにしても）自分の商売や、夜の巷でゲイのひとらと交流を深めてきたのである。

フタミ商事の初代、二村紀由氏は、お酒が好きでよくゲイバーなどに飲みに行っていたというし、藤原商店の二代目、藤原秀三氏も飲みに行っていたゲイバーの飲み友だちが、自分のビルの店子になったこともあったと振り返る。

一九四八年生まれで、この街で育った藤原秀三氏は、町会長を六年務めた。「東京レインボー祭り」が警察との交渉が行き詰まった折には、新宿二丁目振興会の代表と一緒に四谷警察署に出向いて、友好的にサポートしたりもした。

「ぼくらはちっちゃい頃からそういうひとたちに接しているから違和感がない。うちの息子も子供の頃にゲイのひとたちに遊んでもらったりしていたから、同じですよ。だいたいゲイのひとたちに、自分のところのビルのテナントを借りてもらっているんだから軋轢なんてない。共存するしかないじゃないですか」

秀三氏の妻の佳子さんも気さくな人柄で、

「子供の学校関係のソフトボールチームで、レズビアンの方と一緒になって仲良くなったりしてね」

と二丁目での交遊を語る。

地元のひとの飲食店が、ゲイのひとたちの贔屓になっている場合もある。先に紹介した茂利家へ釜飯や鉄板焼きを食しに行くゲイは少なくないし、他の飲食店の経営者も、「ゲイのみんなさんもよく食べにきてくれるし、こっちがゲイバーに飲みに行くこともあるしね」

と、そこに壁は感じられない。

ことほどさように、「東京レインボー祭り」が初開催された二〇〇〇年頃は、二丁目にゲイバーが浸透してそろそろ三十年の月日が過ぎようとしていたわけで、商売関係における利害を超えた経験の蓄積、個々の絆の深まりもあったのだろう。

さて、もう一つ、二丁目がゲイバー街化するのに都合がよかった遠因を指摘したい。それは新宿という街が抱く自らのルーツへのアンビバレントな眼差しである。

四谷三栄町にある新宿歴史博物館の常設展示を観たことがあるだろうか？　旧石器時代から現代までの新宿を紹介する展示物のなかに、遊郭や妓楼に関するものはほぼ見当たらない。遊里だった歴史をもみ消そうとする意思がむしろ浮き上がって見えるほど、かつての不夜城の輝きは表舞台から蓋をされている。言い方を換えると、歴史博物館なのに、あからさまに新宿が新宿たる由来を恥じているのである。新宿全体がそうであるなら当然、遊郭の所在地である街の住人が、わが街へ向ける想いも複雑だったはずである。

『町会のあゆみ』に寄せた元の町会長、今井正二氏（故人）の回想には、胸を張って誇りきれないうしろめたさと、またそれゆえにいっそう街の発展を言挙げしているような語気がある。

「戦前戦後何かと問題視されたとはいえ、遊廓は戦後僅か十五軒から始まって四・五年位の間に赤線・青線合わせて優に百軒以上に達し、一大不夜城を形成していたのである。そして新幹五通り（筆者注・現在の御苑大通り）が整備される前の三、四年の間にはその敷地内に多くの露店商が立並び大変な人出を誘ってくれたので吾が町は東京一の賑わいであった。（略）昭和三十三年三月のいわゆる売春防止法の施行によって赤・青線の灯が消え町全体が直接、間接大きな打撃を受けることになった。当然近くの商店、飲食店も大打撃を受け倒産に追込まれる店も後を断たなかった。其の後盛場は西の方へと流れて江戸の名残りの廓文化の終えんと共に今日の歌舞伎町の飲食街、そして大久保、百人町付近のホテル街へと変貌をとげていったのである。

盛場新宿のその後の発展を振返ってみると、当町内会にあった『廓』とそれを取り巻く多くの『あきない』に従事された方々の生き抜く努力と再生への執念が新宿という町全体に波及し、より大きな発展への原動力になったといえないだろうか」（同書）

遊郭や赤線であった歴史は、その記憶がまだ鮮明であった世代の住人たちの心のなかに、ただの思い出にはなりえない何かを残していなかったのか。ある戦前からの住人から聞いた話では、その方が小学生だった昭和初期、近くの小学校は一学年二クラスあったが、一つの学級にはあからさまに遊郭の子供達が集められていたという。「昔はあれはお女郎屋さんの子だよ、なんて腹の中では言われてた」

また、ある亡くなった有名俳優が新宿遊郭の妓楼の息子だったという話を耳にして、調べてみたが、公式のプロフィールにはまったく異なる地域の出身となっているが、古い地図にはその妓楼のあった場所に彼にちなんだ苗字が記されていた。埋葬されたお墓もどうやら公式の出生地とは異なり新宿らしい。ことの真偽は不明だが、そうした商売への蔑視や、被差別感はあって、自らを卑下していた住民は少なからずいたと思われる。いってみれば、二丁目は街自体が被差別経験を共有してきたのである。

そうした遊郭跡地に封印された過去への罪障感が、一九六〇年代、一般市民的な道徳からしたら対極にあった同性愛や、トランスジェンダーの当事者たちを拒絶しなかったことに、影響を与えていなかったとはいいがたい。そのうしろめたさは、ゲイなど性的マイノリティに対して、「お互い様」というほど割り切れた感情ではなかったとしても、

「しかたないなあ」というくらいの諦めにはなったのではないかと、想像できないだろうか。

娼家での着付けの仕事

最後に、この土地には元からゲイやトランスジェンダーなどの性的少数者がある程度集まっていたのではないか、という点にも注目してみたい。

「いつから二丁目にゲイバーはあるのか？」というのは、誰もが疑問に抱き、よく訊かれる問いであるが、これに答えられるひとはいない。一九五〇年代の「要町」——現在の三丁目要通り付近へのゲイバーの出店に関してはある程度わかっているし、新宿駅前に戦後できた夜曲（戦前には大久保にあったとされる）や、やはり戦前から歌舞伎町にあったユーカリについてはその存在が知られている。一九六〇年くらいには御苑近くにあった千鳥街にゲイバーがいくつかあったことも記録にある。しかし現在の二丁目の中心部にいつからそれらしいバーがあったのかは、誰の記憶にもおぼろげだ。

私が古くからの住民を取材していても、ゲイらしきひとたちがいたことはなんとなく記憶にあっても、バーの記憶はおぼろげで、せいぜい一九六〇年代からのものになる。

ただ興味深い証言もあって、それは藤原商店の二代目、秀三夫妻がおっしゃっていた話である。

「ゲイは元からいましたよ。遊郭で着付けなんかをする仕事をしていたひとで、シスターボーイみたいな着流しの方がいた。そのひとは赤線の灯が消えた後は二丁目で飲み屋をやっていた。そこにうちはお酒を入れていたからね」

娼家での着付けの仕事！　たしかに現在でもスタイリストやヘアメーキャップアーティストなどにゲイは多いといわれるが、かつても、そのような〝女性的〟と形容できる職種に就いていたゲイやトランスジェンダーは、歌舞伎の女形ならずともいたと考えられる。

話が少し逸れるが、日本のゲイ解放運動の草分け、南定四郎は私のインタビューに、戦前に生まれ育った南樺太の思い出を語っていて、そこで、ゲイあるいはトランスジェンダーだったかもしれないご近所さんについて触れている。

「面白い記憶があってね、ちょうど私の家の斜め前に、お琴のお師匠さんがいたんですよ。男性の師匠。お風呂屋さんが始まるのが三時からで、師匠は、銭湯に毎日三時に行くんですよ。銭湯の湯道具を抱えて、着流しでしゃなりしゃなり歩くんですよ。それを近所の人は『お琴さん』って呼ぶんですよ。彼は女性的であるってことで有名だったの。でも、それを非難がましく言ったり、石をぶつけたりするんじゃなくて、琴のお師匠さんだから優秀な人だってことも含めて、『お琴さん』と。だから、周りの人もそういうこと【筆者注・性的マイノリティだということ】は知っているわけですね」

先に藤原ご夫妻が語っていたのは、こういうような風体のひとだったのではないか。そして、同性愛というよりは、女性的な男性には、遊郭や繁華街における着付けなどの仕事が受け皿になっていたのかもしれない。

「吹き溜まり」としての新宿

余談になるが、二十年前の取材メモに「赤線の経営者が夜曲に常連としてよく来ていた」というのがあって、それを今回の取材で住民の方に確認してみたら、どう考えても同一人物と思われる男性が存在していたことに驚いた。その方は娼家の後には旅館を経営していて、昭和三十年代（一九五五～六四年）の二丁目を若い男とよく手つないで歩いていた！　というのだから、その自由さに瞠目する。遊郭エリアは同性愛者にとっても比較的、自分に正直でありえる場所であったのかもしれない。

歴史的に、鎌倉時代には男を置いた女郎部屋もあったというし、街娼が立つようなところには男娼も多かれ少なかれまぎれていた。松沢呉一によると、街娼と男娼は協力していた面もあるようだ。そもそも一般的な性倫理から外れた売買春の空間と、性的少数者との相性は悪くなかったのだろう。

さらに、新宿という都市空間そのものに、そうしたマイノリティが集まってくる磁場があったともいえる。

「戦前から男性同性愛者は、旅役者、大道芸人などの仕事に就くことが多く、仕事柄、各地を転々とする。そこで知り合った同類の者たちは、彼らを頼って移動することもあった」（松沢呉一『闇の女たち』）

木賃宿などがある旭町（現在の新宿四丁目）を抱える新宿はもってこいの場だったはずだし、戦前には太宗寺裏（太宗寺からもっと北側）あたりではそうしたひとびとが暮らしていたようだ。というのを、田村泰次郎の小説（「風呂屋の小鳥」など）を分析した社会学者、古川誠の論文で知った。それによると、現在の新宿五丁目（旧・番衆町）

の近辺には女給やダンサー、ヤクザ者、芸人、二丁目の遊郭で働く妓夫太郎《ぎゅうたろう》、それに男娼や、今でいうところのトランスジェンダーの男性たちも住んでいたという。

「どうやら、田村が暮らしていた太宗寺裏の周辺には、その当時、新宿を働き場所とする男娼やトランスジェンダーたちが、集まって暮らしていたらしい。ひとりひとりのジェンダーやセクシュアリティは多様であり、また、彼ら彼女らの関係も、さまざまな組み合わせとなっている。ただ、共通しているのは、彼ら彼女らは、夜の新宿で、自分たちの〈性〉のあり方を職業として生きている、ということである」（古川誠「田村泰次郎の新宿」井上章一・三橋順子編『性欲の研究　東京のエロ地理編』収録）

古川は、それとはまた別の田村泰次郎の小説「女の建設」で、花園神社の横丁のトランスジェンダーらしき人々が集まるカフェに注目し、職能とは必ずしも結びついていない、個性としてのトランスジェンダーの文化がこの地にあった可能性についても言及している。

そういえば、戦前の夜曲も「太宗寺裏」にあった可能性が高く（現在の新宿文化センター近辺。この辺りを「太宗寺裏」と表した)、また、昭和初期に広島県の呉市から上京してきた松浦貞夫(イプセン店主)が住居に定めたのもたぶん大久保に近いあたりのはずだ。銀座への憧憬を隠さない松浦であったが、住むのに選んだのは新宿というのも、そうした周縁に生きるひとびとを惹きつけるなにかがこの地にはあったのかもしれない。

文化人類学者の砂川秀樹ならそうした都市や盛り場のありようを「アジール(避難所/聖域)」と呼ぶのかもしれない。別の言葉にすれば、新宿や二丁目が、よそ者や流れ者や少数者らの「吹き溜まり」だったことが、のちにゲイバー街を生み出す土壌を培ってきたと考えても、なんら問題はないだろう。逆にいえば、同性愛者やトランスジェンダーにとってはそのような場でしか、自らの欲望に正直に生きることは不可能だったのだから。

新宿の鎮守、山田歌子さん

新参者が多く、住民の新陳代謝の激しい新宿ではあるが、長く続いた家系の方も残っている。

新宿二丁目の長老といえば、まず、山田歌子さんの名前が上がる。この街には戦前からの家系の方はもうほとんど残っておらず、古くてもせいぜい終戦後に移ってきたひとたちになるが、彼女のご先祖様はなんと、江戸時代の内藤新宿にまで遡る家柄なのである。

「だから、花園神社なんかからもうちに昔の写真が残ってないかとか尋ねられるんですよ。ほかはみんな戦災で焼けてしまったからね」

というくらいで、ずっと新宿を見守ってきた花園神社にすら頼りにされる旧家なのだ！

一九二五（大正十四）年、歌子さんは現在のバルト9（地番は三丁目）がある場所で誕生した。父親は当時、大美濃屋という妓楼の跡地で呉服屋を営んでいた。

本家の大坂屋も新宿に店を構えていて、先祖は内藤新宿ができた頃にこの地へ移り住んだという。なんでも元は巣鴨のあたりにいたのだが、火事の出火元となってしまったことで〝江戸所払い〟となり、大木戸を越して新宿に住み着いた。新しい宿場町ができることで商売を目論んでのことだったのではないか、と歌子さんは語る。そうして古着屋から店を起こし、江戸時代には、「東の三越、西の大坂屋」といわれるような呉服屋であったと歌子さんは聞いているそうだ。

歌子さんが子供の時分はまだ二丁目は遊郭で、夜になるとそこは妓夫太郎が客引きをし、ネオンサインがきらびやかに光る夜の街だった。モダンな洋館や大見世の妓楼が立ち並ぶ目抜き通りは、大門通り（現、要通り）といい、少女だった歌子さんの通学路でもあった。お女郎さんたちが寝静まってまもない朝、彼女はそこを歩いて花園神社の先の四谷第五小学校（当時）まで通った。妓楼には幼なじみの家もあって、遊びに行くと、玄関にお女郎さんたちの写真が飾ってあり、隆盛を誇った不二川楼などはずいぶん大きな店構えだったと振り返る。

「子供だったから、それがどういう店なのかわからなかったのだけどね」

お女郎さんたちの苦界を知ることもなく、一人娘だった歌子さんは蝶よ花よで育てられた。当時、庶民の子には垂涎の的だった二丁目の喫茶店、白十字にも連れていってもらったりした。昭和初期にはまだ贅沢だったショートケーキやシュークリームを、親戚のおばさんにご馳走になったりしたという。この喫茶店は、紀伊國屋の田辺茂一によると、林房雄が出所した折のお祝いの会が開かれたところで、その会には田辺のほか、岡本かの子や小林秀雄も参加していたという名店だった。

一九三六年、二・二六事件が起こったときのことを、歌子さんは憶えている。事件のことは知らずに学校へ向かったはいいが、花園神社の前には兵士が多数立っていて、小学校に着くと「今日は休校だから帰りなさい」と帰宅を促された。昭和初期、現在のゴールデン街のあたりは〝お屋敷街〟で、時の首相、岡田啓介の私邸や、枢密院議長や首相を歴任する平沼騏一郎の私邸も西大久保にあったことから、物々しいことになっていたらしい。二・二六事件とこの辺りが関係が深かったなんて、門外漢には意外である。

山田歌子さん（本人提供）

さて、歌子さんの父親は昭和八年頃、呉服店を廃業し、祖母が明治時代より営む旭町の寿旅館を引き継いだ。その後、戦争による強制疎開で、一時立ち退き、二丁目にあった料亭菊水を買い取り、寿旅館を再興した。戦争が激しくなり、空襲に遭うと、（当時、天皇家の御用地だった）新宿御苑も特別に開門され、家族でそこに逃げたが、たまたま風向きが変わったことで歌子さんの実家の旅館は火の手から助かった。けれど、周りはほとんど焼けてしまったので、寿旅館は近所の人の避難場所にもなった。

戦後は歌子さんも旭町に寿旅館を再建し、女将として腕を振るった。ここは旭町のなかでは二軒しかなかった普通の宿屋で、さすが大坂屋の血筋は商才に長けていて、彼女はここを立派に経営した。ちなみに、現在、高島屋の斜向かいにあるヴィクトリアが入ったビルは歌子さんが地権者で、旭町の旅館業の跡地に当たる。二丁目にあったご両親の寿旅館は父の死後、ビルに建て替え、現在、一階には若いひとたちに人気の喫茶店が入っている。

二丁目の主というか新宿の鎮守のような歌子さんに、いつからゲイの姿を見かけるようになったか伺ってみると、

「やっぱり昭和三十三年に赤線の灯が消えてからじゃないかしら。それまでも隠れていたのかもしれないけど、以前は姿を見なかったわね」

と、そんなに古くからはいなかったと振り返る。

ところで、二丁目の長老として、自分たちの街がいつの間にかゲイバー街になっていたことに関してどう考えていたのだろうか。

「寄るとうるさいんだけど(笑)、オカマちゃんたちはヤクザみたいに悪さをしないからね」

と、往年の女将を彷彿とさせる口調でサバサバと答える歌子さんであった。

彼女の瞳は、御歳九十三歳になってもつぶらとしかいいようがない。その眼球が、遊郭の昔日も、戦争で焼け野原になった風景も、戦後の混乱も、赤線や、ゲイバーの繁栄も……見てきたかと思うと、なんだか不思議な気持ちがしてくる。そこには昭和と平成の新宿の、光も闇もすべてが映し出されてきたのだから。

第六章　零落の時代

二丁目のママになった大女優

乙羽信子といえば、私の世代にとっては橋田壽賀子のドラマ「おしん」で主人公おしんの中年以降を演じた演技派女優、という印象だ。もっとずっと上の世代になると、宝塚歌劇団の戦後の全盛期を支えた娘役、あるいは大映映画で清純派ヒロインを演じたトップスターということになるだろう。そんな大女優が新宿二丁目でスナックのママをやっていたことはほとんど知られていない。店は仲通りを挟んで現在のルミエールの斜向かい付近にあった。

ということを知ったのは、国立国会図書館で古い大衆紙「日本観光新聞」のマイクロフィルムを回しているときだった。一九六〇年十二月二十六日付の一面に「人気スターの商法」という記事が大きく掲載されていて、そこに「１００万ドルのエクボの乙羽信子さんが昨年9月新宿二丁目にバー〝カジ〟を開店した。壁には〝白鳥の湖〟のバレー写真があり新宿にしてはまじめすぎるほどのふんいきだが信子さんは仕事の合い間に必ず顔を出してサービスにつとめている」とあり、ボックス席で若い客にお酌をしている写真が掲載されている。たったそれだけの内容の記事だったが、乙羽信子の出店にはとても興味を惹かれた。

まず、なんで大スターがスナックのママとなり若い客にお酌までしてみせるのか、ということと、それがどうして新宿二丁目なのか、という点だ。スナック〝カジ〟に関する情報を調べてみたが、週刊誌の記事にも、乙羽信子の自伝にも出ておらず、住宅地図で所在地を確認できただけだった。

推測してみるとこういうことなのかもしれない。当時（一九五九年）の乙羽信子は愛人関係にあった新藤兼人監督を追って大映を退社し、新藤の独立系映画会社の同人であった（新藤とは晩年になって正式に結婚）。『原爆の子』『第五福竜丸』といった名作に出演して女優としての評価は高まったが、スター生活からは一転、生活に困るほどであった。バーを開店する数年前に（当時、国交がなかった）中国の映画祭に招かれたときのことを、後年、自伝に綴っている。

「帰国におよんで私はヒスイを何個か買ってきた。そのヒスイが、帰国後、役に立った。私の生活苦を助けてくれたのだった。『この宝石買ってください』と売りに歩いたものである。

宝塚時代、家を建てるのに借金したときは恥ずかしくて顔がほてった。しかし、ヒスイを売るときは平気だった。それだけ貧乏が板についていたからだろう。

いま、あのときのヒスイは一個もない」（『乙羽信子どろんこ半生記』）

大スターだった乙羽が宝石を売り歩いたというのも驚きだが、その時代はまだテレビドラマははじまったばかりだったし、女優としては大手映画会社に干されたら十分な収入を得られなかったのだろう。それで仕方なく水商売に手を出したに違いない。たぶん、そんな有様だから開業資金にも苦労していたはずで、だから赤線廃止でひと通りが消え、賃料も安くなっていたであろう新宿二丁目に店を借りたのではないか。

そう、零落した女優がスナックを開業するような街になってしまっていたのである、当時の新宿二丁目は。

さまざまな文献に赤線後の二丁目の零落した様子が語られている。新宿に関する小説を多く残した田村泰次郎の「二丁目新景」には、その頃のこの街の様子が描写されている。

「安土の案内したのは二丁目のなかだった。旧遊廓は、安旅館、バー、ヌード・スタジオなどに転向している家がすくなくないが、それでもまだそのまま、戸を閉めて、そとから釘づけしたきりでいる店が、沢山残っている。それらの店は、いまに売春防止法が解かれて、公娼再開になるのを待っているのが、ほとんどであるといわれている。灯をつけない、それらの店の暗さには、そういう辛抱強い、湿った意志が重々しく沈んでいるようだ。転業した店は、毒々しいネオンをつけたりしているので、閉めきった店は、口のなかの歯の抜けたところみたいに、なにか秘密っぽく、不自然な感じである」

日本初のゲイ雑誌「薔薇族」で実質的な編集業務を担当した藤田龍（故人）は、一九九七年のエッセイに、

「二丁目は売春廃業後は、部屋数はあるからと旅館になる店もありましたが、ビジネス用の宿としては無理、酒場も地の利が悪く、やがて真っ暗になります」

と記していて、「要町」のゲイバーで遊んでいた自身には「いかにも遠くの場末のよ

うに思え」たと回想している。

フタミ商事の二村枝美子さんは、一九五六年に五歳で越してきた頃の記憶をおぼろげながら留めている。まだ売春防止法以前で、仲通りでは赤線、青線の女たちが盛んに客引きをしていたという。

「夕方からおねえさんたちが『おにいさん、寄ってらして〜』とやっていて、それを近所のお友達と真似して遊んだものなの（笑）。おねえさんたちが身につけていたブラウスやフレアスカートをきれいだと思ったのを憶えている」

枝美子さんが小学校に入る頃になると、廃業した娼家の建物がどんどん取り壊されていき、しばらく空き地になっていたところもあった。少女だった彼女は、「ミラーボールがあったおうちの跡地に散らばっていたタイルの破片が、きれいなモザイク模様で宝石みたいだったから、自分の宝物にした」という。ミラーボールのあったおうちというのは赤線の娼家のことである。

そうしていつしか仲通りにいた客引きの女性たちも消えていなくなり、街は寂れる一方になった。ただ、フタミ商事の向かいにあった小さな飲屋街（青線だったともいわれる）では、その後も若くはない女性、おばさんたちが飲み屋を営んでいたらしい。

「幼なじみでそのあたりに母子で住んでいる子たちがいて、そのなかの一人のお母さんは、夜になるとわざわざ歌舞伎町にガムを売りに行くの。たぶん、生活に困窮していたんじゃないかしら」

上り坂の歌舞伎町

数多の新宿関連の本で言及されるように、二丁目の没落と前後するように、新宿のなかでは歌舞伎町が台頭して、人の流れは武蔵野館などがある中央通りや二丁目から、歌舞伎町方面へと変わっていった。

新宿駅の東口を出て北側にあたる角筈地区、戦後の歌舞伎町は、明治時代には池があり川も流れる鬱蒼とした山林だった。その後、池を埋め立てて東京府立第五高等女学校が開校するなどしたが、昭和に入ってもまだ地味な商店が並ぶ町でしかなかった。

しかし一九四五年八月、終戦直後から、町会長だった鈴木喜兵衛らによって〝道義的な繁華街〟を作るべく青写真が描かれ、新しい街として創建されていく(最初、歌舞伎座を誘致しようとしていたことから歌舞伎町と名づけられた)。くしくも、江戸時代に内藤新宿を開いた高松喜兵衛と同じ名を持つ鈴木喜兵衛によって、今日の歌舞伎町の繁栄がもたらされたわけだが、当初は規制やら何やらでなかなか開発が進まず、鈴木は幾度も苦境に立たされた。

しかし一九五二年に西武線が高田馬場から延伸されて西武新宿駅ができ、その頃になると映画館も増え、一九五六年には、のちに美空ひばりなどの公演で知られ歌舞伎町の象徴ともなる新宿コマ劇場が新築された。上り坂の歌舞伎町に対し、遊郭の灯が消え、落ちぶれていく二丁目。昭和三十年代、この二つの街の明暗はくっきりと分かれていく。

再び視線を二丁目のほうに戻してみると、田村泰次郎の小説では、楼主たちの少なからずが、再び法律が改正されて遊郭が復活されるのを望んでいるように記されていたのだが、実際にはどうだったのか。かつて実家が娼家を営んでいた茂利家の細渕貴芳氏は、

「自分はまだ幼かったからあまりおぼえていないが、両親は、これからどうしようか、という感じだったのでは」

といい、遊郭の復活を望んでいた記憶はとくにないようだ。実際、娼家だった建物は改装し、賃貸の事務所などを入れて、細渕氏の家族は全く別の仕事に転業したとのことだ（その後、釜飯と鉄板焼きの店を別のビルで開業）。

地元の関係者が語るところによれば、「赤線の家の同級生は、『お金持ちの子』という

ふうに周囲には見られていたし、実際、そういった商売ができなくなっても、彼らは他に地所を買い求めたり蓄財していたはずなので、生活に困るようなことはなかっただろう」という。

戦後にこの事業に参入した茂利家も、創業者の細渕みつさんが娼家から上がった利益を別の親族が経営する那須・塩原のホテルに投資していたというくらいだから、収益はかなりあったと思われる。

取材をした古くからの住人の方は、

「ある娼家には小柄なお婆さんがいて、いつも畳に座っているんだけど、多いときには一晩でそのお婆さんの頭の丈まで百円札が積まれるほど儲かったって、有名な話があってね」

という逸話を教えてくれた。

すべての娼家がそうだったとはいえないが、戦後十年と経たずして、ある程度は資本の蓄積が可能だったのだろう。世間の風評や田村泰次郎が想像したのとは異なり、灯が消され戸が閉められた娼家のなかでは、あえて復業しなくてもやっていけるだけの十分な貯蓄をしていた家族もあったはずだ。

神社が消えた日

ところで、一九五八年、二丁目の赤線では警察の指導のもと解散式まで大々的に行われ、それがマスコミで喧伝された。そのときが遊郭の終焉だったといわれているが、実は、新宿遊郭から続く灯火がほんとうに消えたのは、その約半世紀後だったのではないか、と私は今回取材で思った。

茂利家の細渕氏に聞いた話である。かつて二丁目に通った経験があれば憶えがあるはずだが、仲通りから靖国通りに向かって斜めに道が抜け出る付近に、小さな神社が祀られていた。三社稲荷神社という。現在はその跡地でバーが営業していて、その痕跡はもうない。かつてそこにあったのは、遊郭の商売繁盛を祈願するお稲荷さんで、祠《ほこら》の玉垣には遊郭や赤線の華やかなりし頃の妓楼の名前が刻まれていた。そこで年に一度、宮司を招いて初午祭が執り行われていたのだが、それは娼家がなくなった後も関係者の方々によって受け継がれ、二十一世紀になっても続いていた。そして二〇〇五年三月、集まる関係者が茂利家などわずかになったのを契機に、近くの雷電稲荷神社（花園神社の末社）に合祀され、この神社は二丁目から姿を消した。

その話を伺ったときに私の脳裏に浮かんだ光景がある。出版社や二丁目のゲイショップの経営者で、ゲイビジネスの成功者として知られる平井孝氏が、祠の前を箒ではいている姿である。私は飲んだ朝帰りのつかの間に見かけることがあっただけだが、細渕氏によると、平井氏は毎日、祠を熱心に掃除をしていたという。遊郭に生きたひとびとのこの街への想いは、そんなふうにゲイたちにも引き継がれていたのかもしれない、とかつての三社稲荷神社の姿を感慨深く思い出したのであった。

第七章　「要町」と呼ばれたエリア——分断された街

御苑大通りこそ明治通りの本線だった

新宿二丁目と三丁目を分かつ御苑大通りというのは、よくよく考えてみると不思議な道路である。大した交通量もないのに道幅が四十メートルもあり、池袋方面から来ると花園神社付近で明治通りと分岐して、二丁目と三丁目の間を抜け、新宿御苑の前でピタッと行き止まりになっている。なんのためにこんな大きな道路を作ったの？　と思わずにはいられないが、この御苑大通りは一九四六年に環状第五の一号線の本線として計画された道路で、実は、今日の伊勢丹の前を通っている明治通りのほうが支線の位置づけだったのである。どうりで御苑大通りのほうが広いはずだ。本来の計画からすると御苑を抜けて再び明治通り（本来の支線）と合流するはずだったのだが、諸事情により御苑のなかを通すことができなかった（二〇二〇年の東京五輪に向けて工事は急ピッチで進められている)。

今から七十年前の一九四九年、道路整備が完了しないままここに都電も乗り入れてくる。それまで四谷方面から新宿通りをまっすぐ新宿駅方面へ向かって走っていた都電一一系統と一二系統が、新宿駅前の交通の混雑を避けるため、始発(終点)を新宿通りの紀伊國屋脇から、靖国通りの歌舞伎町前に移すことになったからである。このため、都電は新宿二丁目交差点のところで御苑大通りを右折し、(現在の)新宿5東交差点から靖国通りに入るコースに変更された。

このとき、御苑大通りと都電によって新宿二丁目は二つに分断されることになった。御苑大通りから東側の現在の新宿二丁目にあたるエリアと、御苑大通りより西側の三丁目と接している要通り付近に(P.25の図)。西側も一九七三年の町名変更までは二丁目番地で、現在は三丁目に含まれている。

二丁目内の対立

さて、この西側の地区、とくに要通りを中心としたエリアが、俗に、「要町」と呼ばれていたのをご存知だろうか。「要町」という町名は正式には存在しない。最近ではその名を聞くことも少なくなったが、私が一九九〇年代に二丁目を取材している際には、年配のゲイはたいていそのあたりを「要町」といっていたし、今回改めて取材してみると、地元の一部住民にもそう呼ばれていた。世代や職業によってそれは異なるようなのだが、なぜ、いつから、いつまで、そのように呼ばれたのかは文献でも確認できず、今回、古い住民の何人かに訊いてみても、誰もよくわからないという。

もしかしたら、御苑大通りの整備と都電の敷設によって新宿二丁目という街全体の一体感が著しく損なわれ、さりとて行政区画上、西側の地区は三丁目でもない、という収まりの悪さから生まれた俗称なのかもしれない。あるいは、過去の地域内の対立にも若干関わりがあるのだろうか。新宿二丁目の町会長を務めた今井正二氏によると、御苑大通りと都電が敷かれる際に、町内でこんなことがあったという。

「当時都の計画決定図によれば、【筆者注・都電の停留所は】新宿通りから新幹五通り【筆者注・御苑大通り】に曲った所（長崎酒店前）に設置されるようになっていた。所が四十米もある新幹五通りの整備が遅れ、暫定的に都電線路だけ先に作って開通させるため、都としてはその仮停留所を新宿通りに作らざるをえなくなった。所が仮停留所付近の人々や商店では道路の整備が終ってもせっかく作ったのだからそのまゝ停留所を残し正式なものとして、使ってほしいとの要望を都に提出したため、『要通り』や『末広通り』の方々より、それでは約束が違うと都側に抗議を申立て、当初計画した通りの案を実行するよう要望した。こうして町内住民の対立は当時の都議や区議の議員先生方まで巻込んで、二ヶ年以上に亘って続き、一時はどうなることかと心配されたが、結局道路整備の完了後地下鉄工事が始まったので当初の計画に従い新幹五通りに決まり一件落着した」（新宿二丁目町会「町会のあゆみ」）

つまり、はじめ工事の関係で予定と違う新宿通り沿いに都電の「新宿二丁目駅」を仮に置いたのだが、道路やらが整備されて当初の計画通り御苑大通り内に駅を移そうとしたら、仮駅付近の住人らが、そのまま置いておいてはくれまいかといい出した。都電の駅が近くにあることの利便性だけではなく、地価が変わってくる。それに対して、計画通りの場所に駅の設置を待っていた要通りや末広通り（現在の三丁目側）の住人らが、ちょっと待て、話が違う！　と異議申し立てをしたというわけだ。しばらく町内が対立するのが収まらなかったが、折しも開設される営団地下鉄（丸ノ内線）の出入り口を新宿通り（仮駅近く）に設けることで手打ちとなり、当初の計画通りの場所に停留所を設置したということである。取材のなかで、政治家の利権も絡んでいたなどという話も耳にした。

そんなことも、御苑大通りで分断された二丁目の西と東の一体感を損なわせるのを後押ししたのかもしれない。

けれど、それで東の二丁目と西の二丁目がまったく分離してしまったかというと、そうとはかぎらず、町名を異にする現在でさえ、その二つの地区の縁は深い。三丁目にある要通り共栄会は現在も二丁目町会にも属していて、花園神社の祭祀などは共同でなされている。だから、花園神社例大祭の神輿は今日でも、旧二丁目の範域をなぞるように練り歩く。

「結界」が生まれた

私が想像するに、やはり、「要町」という呼び名は、二丁目が東側（現・二丁目）と、三丁目に組み込まれたエリア（要通り界隈）が分離した際に派生したのではないか。当初は二丁目番地だったので、西側の地域を三丁目と呼ぶわけにもいかず、さりとて道路や都電で隔てられて、二丁目とするには無理があったことから自然発生的に俗称が生じた。そして、三丁目側から見ても、この明治通り以東の三丁目と、そこに接している御苑大通り以西が独特の文化を持つエリアだという認識もあっただろう。それほどこの御苑大通りという境界線が引かれたことの影響は大きかったというのが、重要なポイントである。

都電とそれが走る道幅四十メートルの御苑大通りによって、新宿駅から続く繁華街が一度区切られたことで、そこに「結界」が引かれたような効果が生じたのだ。そのことが後々二丁目がゲイバー街化するのに好条件だった。近年にいたるまでたいていのゲイは自らのセクシュアリティを隠しながら、しかし同じ性向の相手と出会いたいという矛盾した欲求を抱えていたわけで、駅からの繁華な街並みが寸断されることで得られる心理的な効果は、彼らの〝身元がバレる〟恐れを軽減したはずだ。

ただし、そうした境界の効果を最初に享受したのは、赤線という遊里へ集う異性愛男性だったともいえる。彼らにとっても御苑大通りを渡ることは異界への越境を意味し、心のギアを、日常の心持ちから色欲のモードにチェンジするのに丁度よかったのではないだろうか。

「その昔に東口の賑わいから二丁目の遊郭を隔てていたこの通りが不自然なまでに幅広いのは、かつて麴町、四谷方向から来た都電（東京市電）が東口駅前の滞りを避けて、ここから靖国通りへ迂回したからである。五〇年代の早稲田で学生時代を過ごした野坂昭如や五木寛之はそれぞれの自伝的小説の中で、この通りを渡って二丁目に向かうことを『結界を超える』とか『三途の川を渡る』といったニュアンスを込めて描いている。彼らが電車通りの石畳を越える時、街路樹はもうそこにあったのだろうか」

と二丁目で育った平井玄は前掲書に記している。

上記の作家や吉行淳之介の小説にあるように、男たちは三途の川を渡って享楽の街へ繰り出した。一九五〇年代までに新宿二丁目へ通った異性愛男性らにとって、新宿二丁目は童貞を喪失した思い出の地だったり、男女の交情を想起させる桃色の街として記憶に留められた。昭和三十三年、売春防止法によってその享楽の灯りが消えると、今度はすっかり零落してしまった赤線跡地の二丁目と、繁華な「要町」のコントラストが際立ってくる。そして、その結界で隔てられた闇の向こう（現・二丁目）こそが、まだその欲望を陽の光の下でさらけ出すことができないゲイにとっての楽園、あるいは新天地となっていくことになる。

以前私は、そのあたりの経緯についてこのように記述した。

「昭和三十三年の売春防止法の施行とともに、二丁目の遊廓はその灯を消すこととなった。その明かりを失った街に、今度は光から身を隠そうとするゲイたちが進出して、ゲットーのような空間を作っていくことになった。『イプセン』から始まった要町付近のゲイバー街が、時代の進展と、ゲイたちの欲望の解放とともに、さらに大きなゲイタウンへと膨張していったのだ。売買春の禁止措置にともなって近接の遊廓街が存在しえなくなった偶然も重なり、一気に空き屋となった二丁目側にゲイたちが流れ込んでいったのである」（伏見憲明「ゲイの考古学」）

二丁目は「川向う」

これは私の見立てというよりはむしろ街の記憶のようなもので、一九九〇年代に、**クロノス**、**みたか**、ロートレック、**サンダ館**……といった老舗のゲイバーや、年配のゲイらを取材した際に、口を揃えたように彼らが語ったストーリーでもある。

一九六〇年代の前半くらいまで新宿におけるゲイバーは、もっとも古い夜曲が駅前

（現在のアルタ裏あたり）にあり、あとは、「要町」にイプセンや蘭屋、シレー、ラ・カーブなどの有名店が軒を連ねていた。他にも三光町や、新宿御苑近くの千鳥街、青線跡の二丁目内にも点在していた。千鳥街には女装系のバーがあったことが「風俗奇譚」の記事（「風俗奇譚」臨時増刊号一九六四・四）に掲載されているが、なかには女装系とはいえないゲイバーもあったようだ。

一九六〇年十月十四日の日本観光新聞の記事には、

「このためどのバーも『男らしい男』集めに懸命だ。新宿、池袋などの有力なゲイバーが近ごろ大学生に目をつけて『アルバイトに絶好』と勧誘しているのにもこの辺に理由がある。すでに池袋では日大の学生アルバイトを使っているバーがあるし、新宿千鳥街の『君と僕』には全学連の執行委員がおり、そのすぐ近くのバー『A』には十月からT大学の応援団長と副団長がアルバイトをしにくることになっているとか……」

という記述がある。印象としては、**君と僕**や**A**は売り専だったようにも読める。

一九六〇年あたりに千鳥街にあった売り専以外の店は、〝女装バー〟〝ニューハーフクラブ〟の系譜に繋がるゲイバーといったほうが正しいだろう。吉野ママによると、**ボンソワール**と**ボン**は銀座の**ボンヌール**（吉野ママの店）の出身で、**ジミー**は青江の系統。

これらは女装系のバーで（なかには男性同性愛者も飲みに来ていたらしい）、この時期、千鳥街には女装系のゲイバーが集まっていたようだ。ボンソワールとボンの千鳥街への出店には、スポンサーの意向が関わっていたとのこと。

九〇年代に私が取材した際には、年配のゲイにとって千鳥街にゲイバーが密集していた印象はなく、むしろ近くの緑園街で営業していたみたかや**みやこ**の名前が挙げられた。千鳥街は青線の出自と分かちがたい場末の飲み屋街で、むしろ異性愛の空間だという認識だっただろう。ＭｔＦトランスジェンダー系のバーが多かった理由もうなずける。一九六〇年代の前半くらいまで男性同性愛者にとってのメインストリートは要通り付近で、バー開業の資金さえ工面できれば、大方は「要町」に出店したかったのだ。

その時代をよく知る証言者で、のちにゲイ雑誌「薔薇族」の編集を実質的に担った藤田龍は、同誌で回顧している。

「さて、その頃【筆者注・売春防止法が施行される頃】ゲイバーはというと少し離れた新宿三丁目のはずれ、要町と呼んでいたところに集まっていました。

今のショップ〈カバリエ〉の前に延びているたかだか50メートルの狭い裏路地に数軒のゲイバーがあって、今は駐車場になったりしてガランとしていますが、当時は高級っぽい秘密めいた空気が漂っていました。
この路地の他、離れた場所にポツンポツンと一軒ずつあることはありましたが、やはり群れたほうがたのしい。ここに店を出したいと思う人が次々に出てきます。（略）要町に店を出したくても場所がない、それじゃーということで、そう離れているわけでなし家賃は安いしと二丁目に店が少しずつ出来てきます。が、要町に馴れた身にはいかにも遠くの場末のように思え、二丁目を『川向う』と呼んだりしたものです。
それでも二丁目にホモバーは少しずつ出来て、類は友を呼ぶ、また増えます」（「『二丁目』はこうして出現した」より「薔薇族」一九九七・二）
藤田はここで「ゲイバー」のほかに「ホモバー」という言葉も用いているが、「ホモ」という言葉はそもそも、女装とか、今でいうところのＭｔＦトランスジェンダーと、男同士の性愛を指向する男性同性愛者を区別するために要請された呼び名と思われる。「風俗奇譚」誌では一九六〇年代前半から「ホモの窓」と「女装愛好者の部屋」といったコーナーが別に設けられていることからも、すでに、「ゲイ」という言葉に含まれていた男性同性愛と、女装嗜好（指向）が似て非なるものだということがなんとなく認識されていたのだろう。黎明期のゲイバーはそのあたりが未分化だったし、また現在でも微妙に重なるところもあるのだが、そこに二つの異なる指向が存在することは、九〇年代以降の議論を待つまでもなく、当事者には実感的にわかっていたのである。

これから、本書では便宜的に、男性同性愛者が中心のゲイバーを〝ホモ系ゲイバー〟、MtFトランスジェンダー（女装者等）が集まるバーを〝女装系ゲイバー〟と分けて記述することにする（これはあくまでも便宜的な表現で、そのような用法は実際にはない）。

三丁目の方が先だった

「要町」の〝ホモ系ゲイバー〟の逸話は、その興盛から半世紀以上経った現在でも目に耳にすることがある。例えば、一般的にも知名度が高く、新宿の時代を象徴する居酒屋のどん底（一九五一年開業で現在も営業）。ここもかつてゲイのひとびとが多く集まっていたことで知られ、場合によっては、〝ホモ系ゲイバー〟にカウントされたこともある。

こちらのHPに、開店五十周年のお祝いに歌手の美川憲一が寄せた文章がある。

「私が『どん底』に通い始めたのは、昭和三八年、東宝芸能学校に入った頃よ。（略）『どん底』の地下、ゲイバー『ラ・カーブ』にも連れて行ってもらったわ。アラン・

ドロンが初来日して、お店を訪れたときは、週刊誌に載ったりしてもう大騒ぎだったみたいよ。

三丁目って所は、あの頃からわりとゲイバーが多くてね、いまでこそ二丁目が、ゲイバーのメッカみたいに言われているけれど、ゲイバーは三丁目の方が先。『ラ・カーブ』と、その近所にあった『蘭屋』、『しれ』【筆者注・「シレー」のこと】はゲイバーの走りみたいなものだったのよ」

ラ・カーブの名前は三島由紀夫が命名したといわれ、実際、彼の小説が原作の映画『肉体の学校』の撮影現場にも使われた。日本のゲイリブの先駆者、南定四郎によると、マスターは三島由紀夫への敬慕を抱き続け、三島の死後も自らのバーにそのポートレイトを飾っていたという。

シレーには有名な逸話がある。ハリウッドの大女優ジュディ・ガーランドが来店し、そのカウンターの上でダンスのステップを披露したという、今でもゲイの間で語り継がれる都市伝説である。そのとき、一緒に来た夫（ゲイともバイセクシュアルともいわれる）は妻を放っておいて、日本人のゲイ客とトイレで淫らな行為に耽っていたとかいないとか……。調べてみると、ジュディ・ガーランドは一九六四年にたしかに来日している。ジュディ・ガーランドは女優のライザ・ミネリの母でもあり、米国ゲイたちのアイコンであった。少女の頃は映画『オズの魔法使』でドロシー役を演じ、あの「オーバー・ザ・レインボー」を歌って人気を博し、『スタア誕生』などの名作に出演した。彼女自身、バイセクシュアルだったともいわれている上に、アメリカで一九六九年に起こったゲイ革命「ストーンウォールの反乱」は、彼女の死を悼むためにグリニッジビレッジにゲイらが集まっていたことが、暴動に拍車をかけたとされる。まさにLGBTの歴史には欠かせない人物だ。

そういえば、先日も私のバーにふらりと来店された年配の紳士が、酔っ払いながら、ジュディ・ガーランドがシレーに来た折に、偶然居合わせたという話を披露してくれた。その紳士は、そのとき、隣に座った女優の体臭がキツかったことだけ鮮明に憶えていると話していた。なんとも生々しい記憶である。

もっとも、次にその紳士が来店したとき夜中に語ってくれたのは、シレーで隣り合ったのは、ジュディ・ガーランドではなく、エヴァ・ガードナーだったという思い出話なのであるが。エヴァもやはり体臭が酷かったということであろうか。

第八章　ゲイバー街の成立条件

終戦後の黎明期、ゲイバーと呼ばれる店に集まる客やスタッフは、今日でいうところの男性同性愛者（ゲイ、ホモ）や、male から female へのトランスジェンダー（ＭｔＦトランスジェンダー）などで、黎明期にはその二つの指向（嗜好）の当事者は混在していた。当事者たちも、同性愛とトランスジェンダーの欲望を区別していたわけではないし、自己認知（アイデンティティ）と、その性的指向（嗜好）が必ずしも結びついているわけでもなかった。例えば、態度物腰がとくに女性的でないために、「オカマ」「ゲイ」という言葉に自分をアイデンティファイするのに抵抗があった男性同性愛者はいたし、生物学的な肉体は男性ながら自己認知は女性であるトランスジェンダーが、その欲望を「同性愛」と認識していたこともままあった。それぞれの指向（嗜好）を整理する言葉も洗練されていなかったのだ。

そしてこの当時の「ゲイ」という言葉には、同性を性的対象としたり、MtFトランスジェンダーの傾向を持つ男性などが含まれていた。「ゲイボーイ」は女装というより、ちょっと口紅を引いていたり、薄化粧に着流し姿だったりするなど、中性的、ボーイッシュな印象の男子を指すことが多く、ニュアンスとしては現在の「オネエ」に若干近いのかもしれない。

戦後日本に現れたゲイバーの源流ともいえる銀座のブランスウィックには、そういう多様な指向（嗜好）を抱えるひとびとが「ゲイ」とか「同性愛」といった言葉の下に集まっていた。男性同性愛者としての自己認知を持っていたイプセンの松浦貞夫と、女装で店に立つことにもなるやなぎの島田正雄が一緒に遊びに行くこともあったし、蘭屋で成功する前田光安やシレーのマスター、そしてスタッフには若き日の美輪明宏や、（異性愛者の）野坂昭如もいた。ブランスウィックの評判にも触発されてゲイバーは全国に増えていくが、そこから男性同性愛者が性的な出会いを求めて集う〝ホモ系ゲイバー〟と、島田正雄のやなぎを元祖とする観光的な〝女装系ゲイバー〟は分化していったといえる。一方で、新宿にあった戦前からの老舗、夜曲のマスターはかつて新派の女形だったが、〝女装系ゲイバー〟にはならず、新宿の〝ホモ系ゲイバー〟の元祖となった。

〝ホモ系ゲイバー〟にも女性的なゲイはいるし、ときに女装をする者だっていなくはないが、こちらは男性同性愛の欲望が中心になっていて、性的なパートナーを求める性的欲求によって原理づけられている。ドラァグクィーンは男性同性愛者の女装パフォーマンスであるが、それは〝ホモ系ゲイバー〟のイベントから発展したもので、日本では一九八〇年代以降盛んになる。

一方、〝女装系ゲイバー〟は、男性が女性に性別越境することをエンターテイメントにした系統の店であり、現在でいうところのニューハーフクラブとかショーパブにも繋がる。また、内なる女性性の自己実現や、女性として他者に承認される欲望（性的に求められることも含む）に方向付けられた〝素人〟中心の店もあり、そうした店には〝トランス女性〟を性的に求める異性愛男性もやってくる。こちらの原理は、トランスジェンダーの歴史研究者、三橋順子の言葉を借りれば、「擬似ヘテロセクシュアル」となる。

このように両者は、外側から見れば生物学的な男性同士が睦み合っていたり、女性的な男性がいたりすることでそんなに変わりがないかもしれないが、場を方向付ける原理が相当に異なるのである。〝ホモ系ゲイバー〟は男性による男性ジェンダーへの同性愛が場を支配し、〝女装系ゲイバー〟は、女性ジェンダーの承認や表現、擬似異性愛の欲望が場の核にある。そして、〝ホモ系ゲイバー〟を求める欲望の総量と比べると、〝女装系ゲイバー〟は店舗数などで見るかぎりよりマイナーなマーケットとなる。また、新宿二丁目のゲイバー街は前者の欲望が生み出したものであり、三橋順子によると後者の中心はかつて、新宿において歌舞伎町一丁目や新宿三丁目にあった（＊1）。

ゲイバーに必要な立地条件

新宿では夜曲に引き続き、一九五一年に、三丁目の「要町」にイプセンが開店。こちらも喫茶店からすぐに〝ホモ系ゲイバー〟と化し、一九五三年に夕刊紙「内外タイムス」に掲載された記事が評判を呼ぶことになる。それをきっかけとして、一九五〇年代を通じて「要町」にはおもに〝ホモ系ゲイバー〟が集まってきて、小さなゲイバー街を成した（十軒程度だったと思われる）。さらに、一九五八年の売春防止法の施行によって新宿二丁目の赤線・青線跡地に、おもに〝ホモ系ゲイバー〟の出店が相次ぎ（〝女装系ゲイバー〟も数はずっと少ないが含まれる）、新宿二丁目に類例がない規模のゲイバー街が形成された。そのような経緯を、私は一九九〇年代に書いた「ゲイの考古学」で素描した。

その後、二丁目のゲイバー街についてのめぼしい研究はあまりないが、文化人類学者の砂川秀樹が新宿二丁目に関する論文で博士号を取得し、単行本として『新宿二丁目の文化人類学――ゲイ・コミュニティから都市をまなざす』を上梓した（二〇一五）。砂川は、新宿二丁目の形成過程を都市論に接続することで、より広いパースペクティブからこの街を論じてみせた。大雑把であるが、彼の議論を紹介してみよう。

・新宿は遊郭や赤線があったことで性的なイメージが強い場所となり、それが戦後の闇市や一九六〇年代後半の学生運動などと結びつき、「アジール（避難所、聖域）」的な場所となった。これがゲイやゲイバーの性質と親和性が高かった。

・交通の発達で新宿駅がターミナル化し、東京西部の人口増加を背景にして乗降客の数が急増したことで、新宿における潜在的顧客が増え、匿名性が高くなった。このことが「人目を忍んで訪れるゲイバーを商売として成立しやすくする条件となった」。

・新宿二丁目は広い道路に囲まれ、都電などが走っていたことで、その区域が独立した空間のように感じられ、人目を避けるゲイが隠れ家的に集まるには都合が良かった。またそのような場所だったことで、売春防止法以降に二丁目は繁華街として生まれ変わることができなかった。

これらはバックグラウンドの説明として至極妥当なものだろう。新宿二丁目にゲイバー街が形成されていくには、こうした要因が作用していたことは間違いない。

加えて砂川が挙げるのは、ゲイバーが二丁目に集まってきた「プッシュ要因」というもので、「駅を中心とした非性的エリアの拡大という見えない圧力」の果たした役割を指摘している。

「新宿も、駅を中心に発展を遂げるなかで、『清潔で穏やかな娯楽が要求』されるエリアが拡大していった」結果として、ゲイバーなどが二丁目付近に押しやられ、集中していったという議論である。

「戦前に大久保辺りにあったといわれるゲイバー『夜曲』が、戦後まもなく新宿駅東口付近に再開したのに対し、一九五一年に開店した『イプセン』が、より新宿駅から離れた現在の三丁目にでき、さらに数年経って開店したと思われる『蘭屋』はそれよりも駅から離れる新宿二丁目に店を構えている。そして、一九五八年の売春防止法施行以降、二丁目にゲイバーが集中していく。新宿が賑やかさを増していくにつれ、ゲイバーがしだいに新宿駅から遠ざかるようなかたちで開店する様子は、見方によっては追いやられているようにも見えなくもない。二丁目へのゲイバーの集中は、盛り場の利用者層の変化にあわせて、ゲイバーを利用する者と経営する者のニーズとも合致した結果生まれたものと言うことができるだろう」（同）

この議論にはいささか違和感がある。終戦後から現在までの七十年以上のパースペクティブでなら、傾向としていえることかもしれないが、一九六〇年あたりまでの時代状況となると、実態的に異なる。

まず、非性的エリアの拡大による圧迫があったとすると、ではなぜ、二丁目よりも新宿駅に近い歌舞伎町が、鈴木喜兵衛らによって当初目標とされた〝道義的な繁華街〟とならず、風俗と切り離せない大繁華街へ成長してしまったのかが説明できない。

そもそも砂川が論拠に挙げている、ゲイバーが出店する場所が時とともに駅から遠ざかっていくという論拠も事実と異なる。よく考えてみれば、夜曲にしてもイプセンにしても当時もっとも性的な磁場があった二丁目よりも新宿駅に近い立地に店を構えている。

イプセンに関していえば、そこを開店場所に選んだのは偶発的で、たぶん戦前カフェ街だったその近辺への郷愁が店主にそこを選ばせた。また蘭屋にしても、新宿での出店はイプセンよりも新宿駅に近い中央通りだったし、数年で「要町」に落ち着き、最晩年に二丁目に移転するまでは新宿三丁目を動かなかった。そこに新宿駅から離れようという志向は見いだせない。

そして、ここが重要なのだが、「要町」にあった〝ホモ系ゲイバー〟が二丁目側に「追いやられた」のかというと、実は、そんなことはない。拙文「ゲイの考古学」での「進出していった」という表記が誤解を生んだのかもしれないが、たしかに売春防止法以後、二丁目サイドにゲイバーは増えたが、だからといって「要町」のゲイバーが減ったかというと、そんなこともない。これは七〇年代前半くらいまでの期間限定ではあるが、「要町」の有名店で二丁目サイドに移動したと確認できるのはラ・カーブくらいで、ほかに移転したゲイバーがあったのかどうか。付け加えると、ゲイの会員誌「アドニス」を発行するなど、終戦後のゲイカルチャーを主導した田中貞夫は、六〇年代後半（正確にはわからない）に**牧神**というバーを「要町」に開業している。すでに御苑大通り以東の二丁目にゲイバーが増えている最中のことである。

おおよその事実に即して記述すれば、新宿のゲイバー街は「要町」から御苑大通り以東の二丁目サイドへ膨張していき、やがてそちらが中心となって栄えると、かつてゲイバー街として見なされていた「要町」は影を薄くしていった。少なくとも、御苑大通り以東の新宿二丁目にゲイバー街が誕生した当初は、「非性的エリアの拡大という見えない圧力」が働いたというより、砂川自身も挙げているように、そちらに出店するほうがゲイバー経営者にも、ゲイ客にも都合がよかったからである。前者にとっては家賃が安いという経済的な理由で、後者にとっては人目を避けられるという安全上の問題において。いや、前者にしても、肉親や知人にゲイバー業を営んでいることを知られたくない経営者が大半だったことからすると、商業地から離れて開店するほうがはるかにローリスクだった。

ついでに指摘しておくと、性的欲求によって強く背中を押される男性同性愛者のモチベーションからすると、「要町」から二丁目への移動距離というのは、誤差の範囲といえる。男性同性愛者は、出会いの機会に恵まれた今日でさえ、性的な機会を求めて市街地から離れた海辺などにその集合地（ハッテン場）を自然発生的に形成していく。これはレズビアンやトランスジェンダーなどにはない行動様式で、極めて男性的な性欲（の相乗効果）によってもたらされる独特な「文化」である。だから、「要町」よりブランド的に劣るということ以外には、二丁目で店をはじめるほうが、たとえそれが新宿駅から離れようが、当事者にとっての利得は多かったと推測できる。つまり、社会的な圧力ではなく、店主と客双方の当事者事情によるものではなかったか。

「一気に」とはいえない

今回、新宿二丁目について二十年の時を経て考える機会を得て、「ゲイの考古学」当時の資料や取材メモを洗い直し、その後の他の方の研究に目を通したり、新しい資料を渉猟してみたが、細かな誤認などはあるものの、大筋のところでは過去に書いたことは間違っていなかったと振り返る。ただし、疑問を抱いた点が一つあった。それは先に引用した「売買春の禁止措置にともなって近接の遊廓街が存在しえなくなった偶然も重なり、一気に空き屋となった二丁目側にゲイたちが流れ込んでいったのである」の「一気に」という部分である。時間の感覚にも関わる曖昧な表現でもあるが、それが果たして「一気に」と表現できるかどうか。

売春防止法の施行が一九五八年で、赤線・青線地区だった二丁目がゲイバー街になったといえるのは、六〇年代後半から七〇年初頭と考えられる。一九七一年には少なくとも一一〇軒以上のゲイバーが現在の二丁目地区に存在していたことが確認できるが、一九六〇年代の前半にはどれくらいあったのか。

これを確かめる明確な資料はないのだが、私が九二年、当時二丁目で最も古いとされた老舗ゲイバー、みたかのマスターに取材した際のメモによると、彼が「昭和三十七年(一九六二)にこの街にやって来た頃には、新宿全体では三、四〇軒、現在の二丁目エリアには一五、六軒あった」と回想している。みたかのマスターの証言によると、当時存在していたとされるゲイバーは、**つくし**、**ぼんち**、みやこ、**山家**、**モロ**など。そのうちこの年の住宅地図を照合してみて確認できたのは、つくし、モロくらいであとは判別不能のためか、もぐりで商売をしていたのか、みたかのマスターの記憶違いかで、地図上には現れていない。ただし、この昭和三十七年版の住宅地図には、全国ゲイバー案内「GREEN LETTER 1971」にも記載されている**バロン**などの店名も確認できる。

一九六三年の「風俗奇譚」にも広告を出しているぼんちは、マスターがエッセイも同誌に寄稿していたが、一九六二(昭和三十七)年版の住宅地図では確認できず、調査時にはまだ開店していなかったのかもしれない。住宅地図は店舗などをすべて網羅、記載しているわけではなく、私の調査では相当数のゲイバーが抜け落ちていることが判明した。なので、そこに反映されていないものに留意する必要がある。住宅地図もまた、雑誌記事やインタビューなどと同様、一つの参考資料とするのが妥当で、それだけで学術的客観性を担保しない。

ただ、東京オリンピック前の回想として蘭屋のマスター、前田光安が残した証言がある。

「業者の組合を作ったのはオリンピックの二か月くらい前でした。東京睦友会という名前で、新宿のゲイバーの経営者が三十軒くらい集まりました」（下川耿史『極楽商売』）

これが一九六四年のことだから、みたかのマスターの新宿全体で三、四〇軒、旧赤線・青線地区及び千鳥街や緑園街を含む二丁目に一五、六軒のゲイバーがあったという回想とそれほど印象は違わないだろう。どちらも〝女装系ゲイバー〟も含めての数字のようなので、一九六〇年前後くらいには千鳥街に女装系のバーが複数あったことを勘案すると、売春防止法から五年くらいでその数というのは、はたして「一気に」増えたといえるかどうか、微妙な感じもする。たしかに増えてはいるが、六〇年代後半の爆発的な増加とはまだ違う印象だ（＊2）。

ここで私は自分の根本的な錯誤に気がついたのである。というのは、時代の変遷の結果から遡って考えると、ゲイバーの数は増えて当然なのだが、当然と考えていたことで見落としたことがある、ということ。もし、赤線・青線地区が空洞化したことだけが理由でそこにゲイバーが流れ込んだとするのなら、娼家の建物を解体して雑居ビルにするのに時間がかかった旧赤線地区はともかく、旧青線地区や千鳥街、緑園街などにはもっと直後からゲイバーが急増してもよかったのである。みたかのマスターが名前を挙げたバーや、同時期に所在が明らかになっているぼんちなどのように出店できたはずだ。「真っ暗になってしまった」とよく形容される娼家が廃業した後の二丁目には、まだ入居可能な店舗はあっただろう。そう考えると、赤線・青線時代が終わって数年を経て、千鳥街や緑園街をのぞく旧赤線・青線地区に一〇軒くらいというのは、「一気に」とはいえない数字なのかもしれない。

いや、そもそも売春防止法とは関係なく、新宿でゲイバーが増えることが必然だったのなら、その前から「要町」や二丁目周辺にゲイバーがもっと増えていないとおかしいだろう。イプセンの出店以来、男性同性愛者を中心としたゲイバーは「要町」に一〇軒いくかいかないくらいには増えたが、五〇年代から六〇年代前半くらいにはその程度の数で収まっている。空き店舗の数や地価（家賃）の高さが壁だったのなら、周辺の、家賃の安い千鳥街とか緑園街にもっと出店があっても当然なのではないか。つまり、そのことが示しているのは、ゲイバーの需要そのものがまだその程度だった、ということである。一九六〇年代前半までは、ゲイバーを必要とする層、バーのように顔の見える空間で自分が同性愛者であることを開示できる当事者は、そのくらいのマーケット規模でしか存在しえなかったのだ。

厳然とあった差別

あるいは供給面でも、ゲイバーを出店しようと思う人間は限られていた。そんな商売をするのは、というと言葉は悪いが、その時代、ゲイバーの店主になることは世を捨てる覚悟でもないかぎりできない選択で、現在のように気軽には手が出せなかった。当然のことながら、性的少数者に対する世間の目は厳しいとしかいいようがなかったし、周囲の偏見ばかりでなく、実際に警察からの嫌がらせなどもあり、差別は厳然とあった。

蘭屋の前田光安の回想によると、

「警察にいじめられたことで、これは忘れようたって忘れられない。とにかく、手をかえ品をかえて、いろんなイヤガラセをされましたものねえ。たとえば店にきたお客さんから〝ビールをくれ〟って声がかかるでしょ。経営者としてはセンを抜いて、ボンとテーブルに置くわけにはいかない。一杯目はコップについでから置くでしょ。ところが、そのつぐことが過剰サービスといわれて、警察に出頭を命じられるんです。久し振りに見えたお客さんに〝久し振りですねえ。元気でしたか〟といって握手したら、それがいかんというので呼び出されたこともありました」（下川耿史『極楽商売』）

東京オリンピックの前はとくに酷かったという。オリンピックへ向けてなされた〝浄化運動〟とのからみもあるようだが、こうした嫌がらせは、蘭屋にかぎったことではなく、私の取材に松浦貞夫も「イプセンも警察に目をつけられて大変だった」と語っている。六本木でゲイバーを経営していた吉野ママも、筆者の取材に、同様の経験をしたことを明らかにしている。ゲイのミニコミ誌「アドニス」が廃刊したのも、警察の圧力だったという説があるのだが、アメリカなどに比べて公権力からの弾圧の過去がそれほどいわれない日本でも、同性愛は差別されていなかったとはけっしていえなかった。

そんな抑圧された状況のなかで、多くの男性同性愛者やＭｔＦトランスジェンダーは、人目を気にしながら映画館や夜の公園のようなハッテン場に行くか、自身の欲望を抑制して日々に紛れるか、あるいはその欲求が何であるのかにすら気づけなかったり、日常のなかの奇跡的な偶然によって機会を得たり……と、どちらにしてもその欲望を全開にして暮らすことなど叶わなかった。というような時代状況であるから、赤線・青線がなくなったからといって、二丁目にゲイバーが急に増えるはずもないのだ。それはあくまでものちの結果にすぎず、二丁目が空洞化したことと、ゲイバー街化したこととの間を埋める別の何かがあったと考えるべきだろう。だとしたら、六〇年代後半、潜在的なゲイバーの顧客層の背中を押し、それまでの数倍の規模の男性同性愛者に、リスクを冒してまで〝ホモ系ゲイバー〟という空間に足を運ばせた要因は何だったのか。七〇年代以降のゲイバーの増加が、ゲイ向けの商業誌の広告に後押しされたのは指摘されるところだが、ゲイ雑誌の創刊以前にゲイバーを急増させたものは何だったのか。

私にしてもこれについて決定的なことはいえないのだが、今回、過去の拙文「ゲイの考古学」や、砂川秀樹氏の議論に加えておきたいこともある。

新宿と池袋の違い

その前にもう少し迂回して考えてみよう。

まずは、砂川の挙げた新宿のターミナル化によって潜在的な顧客数が増えたという議論。これは間違ってはいないだろう。新宿駅の（元の国鉄）ＪＲの乗車人数で考察してみると、一九五五年には一五万三三一三人／日だった乗車人数が一九七一年には六一万四四二一人／日でおよそ四倍に増えていて、ゲイバーの数も一九五五年には数軒だったのが、一九七一年にはおよそだが一四〇軒程度になっている。

ＪR池袋駅と比べてみよう。池袋も一九五五年には九万四三二五人／日だった乗車人数は、一九七一年には四三万四六一五人／日になっていて、およそ四・六倍に増えている。ゲイバーの数も、一九五五年には数軒（あるいは一軒）だったものが三五軒くらいに増加している。

しかし新宿と池袋を一九七一年の乗車人数比で考えると、新宿一〇〇％に対して池袋は七〇％程度。にもかかわらず、ゲイバーの軒数の比較となると、新宿を一〇〇とすると池袋のゲイバーの数はその二五％程度しかない。つまり、駅を利用する人間が増えても、その増加率とゲイバーの出店数は必ずしも一致しない。

少し視点を換えて、埼玉県の京浜東北線沿線で考えてみることにする。ＪＲ駅の乗車人数の多さは、高度成長期以降で、大宮→浦和→西川口→南浦和→与野の順になるが（最新の調査では南浦和と西川口の順序が逆）、もっとも多い大宮駅や浦和駅の周辺には長い間、ゲイバーはできず、八〇年代以前には与野駅近くに一軒あっただけだった。八〇年代以降は西川口に数軒できたり、九〇年代から南浦和に一軒、二〇一〇年代になってからやっと大宮駅にもできた。けれど浦和駅近辺には現在に至ってもゲイバーは存在しない。与野のように、町がひなびているからこそゲイバーが出店して、繁盛するというケースだってあるのである。

つまり、その街を往来するひとが増えると、ゲイバーの数が増加する蓋然性は高まるが、だからといってそれに比例してバーができたり、その数が増えるとも限らない。だから、ターミナル化も、新宿二丁目をゲイバー街にしたことの決定的な原因とすることはできない（砂川もそんなことはいっていないが）。それは一つの要因、遠因、バックグラウンドだと考えるのが適切だろう。

なぜ風俗街にならなかったのか

それから、今回、私のなかに生じた疑問の一つは、どうして新宿二丁目は赤線・青線後にも男女の色街、というか異性愛男性のための風俗街にならなかったのか、という点だった。同じように、江戸時代からの遊郭の流れを汲む吉原は、赤線時代の後も風俗街として名を留め、現在に至るもソープランドが一二〇軒以上も林立している。一方、新宿二丁目がそのような風俗街にはならなかったのは、なぜか。

広岡敬一著『トルコロジー』によると、吉原のトルコの軒数は六〇年に一六軒、「東京オリンピックを控えた六三年から、吉原のトルコは急増をはじめ、六五年には四三軒を数えるようになった」。

翻って新宿二丁目はどうだったのか。兼松佐知子著『閉じられた履歴書』に赤線後の二丁目について、こう記されている。

「新宿二丁目の新宿カフェー協同組合も、三十二年十二月、翌年三月末までの転廃業を声明、七十軒の赤線業者が共同で跡地にファミリーセンターを建設して再出発する構想だった。

また、青線の花園街商業協組なども、そろって警視庁に廃業を通告、組合名で、本来の飲食店に転業する旨の看板を街にかかげた。

三十三年一月二十八日、新宿二丁目で赤線解散式が行われた。

この解散式は大きく報道もされて、砂川秀樹によれば「売春禁止の象徴的な地域となった」。ファミリーセンターの建設は結局、頓挫して、その一部がゴルフ場になったりしたが（現在のビッグスビルの敷地）、私が取材で聞いた話だと、旧赤線業者のなかで意見が一致せず、赤線地区を一括して売買することに反対の声が上がり、それぞれが個別に対処しようということになったらしい。

そしてその赤線の跡地には旅館やヌードスタジオ、バーなどができることとなった。

「ヌードスタジオというのは、狭いスタジオにモデル二、三人がいて、貸しカメラを備えた施設のことだが、出張撮影と称して、近くの旅館で売春していた。四十三年六月、元赤線の新宿二丁目には、二十一軒も集中して話題となった」（同書）

ヌードスタジオが多かったのは、二丁目のなかの旧赤線地区より旧青線地区だったはずだが、新宿二丁目も吉原同様、娼家に替わりヌードスタジオやトルコ風呂が開業したりもした。

トルコの数は地図上で確認するしかない。住宅地図の文字が判別しづらく、またトルコの文字がない店名があるかもしれないので正確にはわからない、というのを断りつつ、数えると、一九五八年には（三丁目に一軒確認できたが）二丁目はない。六二年には一軒、六八年には四軒、六九年には五軒、以降は五、六軒で推移し、八〇年代後半から減少する。数が減るのはバブル期のビルの建て替えなどによると想像できるが、現在でも二丁目には（トルコ風呂改め）ソープランドは三軒あって、数としては歌舞伎町と変わらない。こう見てみると、売春防止法以降も新宿二丁目はけっこう女性がいる風俗店が存在し、それ目当ての異性愛男性が通ってきていたことがわかる。

遊郭や赤線時代のような華々しさはなくなり、町のマーケット規模も相当に縮小して「空洞化」したことに変わりはないが、六〇年代はまだふつうの風俗街でもあった。

風俗研究家の松沢呉一に取材してみたところ、旧赤線でもトルコ街にそのまますんなりと移行した地区はむしろ稀で、たいていは廃れたり商店街になったりして、また別の街へと変貌を遂げているという。吉原が現在も隆盛を誇っているのは、むしろ江戸時代から続く最大の遊郭の伝統、その特異な歴史性が繁栄を維持させているのではないか、という答えだった。

七〇年代でも薄かったゲイの街という認識

いつから二丁目の印象がゲイの街に転換したのかは、それぞれの立ち位置や見方によって変わってくる。全国のゲイバー街を紹介するミニコミ誌「GREEN LETTER」というのが六九年から発行されていることからしても、そのときにはそれなりの数のゲイバーが御苑大通りより東側の二丁目に入っていた。バーに出入りしているようなゲイには、たぶん、そこが自分たちの街だという意識が芽生えていたのだろう。そして七一年の同誌では、仲通りのことを勝手に「ゲイの大通り」と命名しているくらいだから（まさにゲイ・プライド！）、編集者の意図はあるにせよ、二丁目はゲイの街だという意識が当事者にはある程度広まっていたに違いない。

一方、住民や、そこで別の商売をやっているような方々には、どこまでそのような認識があったのだろうか。二丁目で生まれ育ち、七〇年代にはまだ実家のクリーニング店で働いていた平井玄の実感はこうだ。

「七〇年代いっぱいくらいまでは二丁目はもちろん『女の街』である。正確には『女を売る街』というべきだろう。それが八〇年代に入ると急速に『男の街』になる。これも『男を売る街』といった方が実態に近い」（『愛と憎しみの新宿』）

異性愛の男性（だと思われる）平井にとってはまだ七〇年代でもゲイの街だという認識は薄かった。実際、二丁目のヌードスタジオは七〇年代を通じて廃れていったと思われるので、平井の回想が間違っているわけではないだろう。街はそれぞれにとっての愛着や思い出と重なっているがゆえに、様々な顔があり、実際、今だって二丁目はイコール「ゲイタウン」というふうにはいえない。ゲイ以外の性的マイノリティもいるし、ゲイバー街ができる前からそこに住んでいたり、商売をしているひとたちだっている。ゲイバーやレズビアンバーが中心になっている新宿二丁目振興会ができる以前から続いている、住人たちによる町会や商店会、老人会だってあるのだ。どこに閾値があるのかという話なのかもしれないが、住人の方々にとっては、なんだか最近ゲイバーやゲイが増えたなあ……などと思っているうちに、自分たちの町内がゲイバー街のようになっていた、というのが実感ではなかったか。

六〇年末にゲイバーが急増したとはいえ、意識的に観測しているのでもなければ、街から日々の変化はあまり感じ取れないものだ。九〇年代も後半にならなければ、路上で大騒ぎをするゲイも少なかったし、表立ってその姿は見えなかった。私が初めて二丁目に来た八〇年代初頭でも、通りは静かで人が少なく、ゲイが騒いでいる印象はなかったし、取材をしたある住民も「昔のゲイのひとたちはきれいに飲んでいたもの、今みたいに騒いだりしなかった」と振り返っていた。これは見方を変えれば、かつては店のなかだけでしかゲイだということを存分に表わせず、一歩バーの外に出れば、大人しくするしかなかったという、ゲイや他の性的マイノリティが置かれていた状況の反映でもあった。

が、もしかしたら、二丁目がゲイバー街になる上で、これが功を奏したともいえるかもしれない。すでにそこに居た住人にとってみたら、急に大声で文化の異なるよそ者が入ってきたら猛反発もするだろうが、むしろゲイやトランスジェンダーがお天道様に顔向けてできないような心持ちだったからこそ、静かに街へと入り込むことが可能となったのではないか。それは謙虚に、というのとは異なるが、彼らが気づかれないように周囲に気を使いながら、あまり表立たないように、ある程度時間をかけながら、この街へと集まるようになっていったことで、（いい方はどうかと思うが）既成事実を作ることができた。皮肉なことに、差別をされていたことでかえって、新宿二丁目を性的マイノリティが生きやすい場所にするための地ならしができた、という逆説がここにあったように思える。

（＊1）「新宿のマイナー・セクシュアリティ（性的少数者）のコミュニティと言えば、読者の多くは、新宿二丁目の男性同性愛者のコミュニティ（ゲイタウン）を思い出されるのではないでしょうか。私が『女』としての青春時代をすごした『新宿女装（トランスジェンダー）コミュニティ』は、ゲイ・コミュニティとはまったく別に存在している世界です。構成メンバーも、エリアも、存立原理も異なり、したがって人的交流も少なく、ほとんど独立的に存在していると言っていいでしょう」（三橋順子『女装と日本人』）。つまり、〝ホモ系ゲイバー〟と〝女装系ゲイバー〟は別の発展過程を辿ったと考えるべきで、二丁目は主に前者の欲望によってゲイバー街を形成したといえる。

（＊2）現在（二〇一九年）では、〝女装系ゲイバー〟の新宿における案内「J-Nation」を見る限り、こちらのバーなども新宿二丁目に中心を移しているが、店舗数としては一五軒程度で、〝ホモ系ゲイバー〟の数に比べると圧倒的な少数派となっている。

第九章　ハッテン場の持つ磁力

「蘭屋」の商才

新宿二丁目でのゲイバー街の形成に蘭屋の存在は欠かせない。私は「ゲイの考古学」で、

「『蘭屋』が、すでに『イプセン』が成功していた要町に店を構えたことが、そこにゲイバーを集める起爆力と【筆者注・して】働いたことは間違いない」

と記しているが、黎明期にこの店と経営者の前田光安が果たした役割は、実に大きい。

私は、亡くなる前に前田へインタビューを申し込んだが叶わず、蘭屋に関しては周辺取材の情報しか得られなかった。けれど、一九九八年に上梓された下川耿史著『極楽商売』のなかに前田への取材記事が収録されていたので、今回、改めて蘭屋についてのデータを整理、更新しておきたい。『極楽商売』の記事は初出（「ホームトーク」）が一九八

四年なので、前田が六十歳くらいの時のインタビューを元にしている。

ここでは、前田は一九二四年（大正十三年）東京に生まれたとされている。が、東京生まれだったのかどうかはいささか疑問が残るところでもある。「週刊新潮」の追悼記事には「鹿児島県徳之島出身」と記されているが、私も、前田の一家が奄美大島から上京してきたと複数から聞いていて、実際、前田はゲイバー業の傍ら大島紬を販売する商売もしていた。敗戦直後の奄美大島（徳之島）は米軍統治下で、日本の本土に行くにはパスポートが必要だった。そんな状況において密航のような形で島を出る者も少なからずいたので、彼にも、もしかしたら、出身を公にはいいたくない事情があったのかもしれない。あるいは、ふつうに、海産物商を営んでいた父親や母親が奄美出身で、上京後に前田が生まれたという可能性も否定できない。

さて、前田は終戦後、渋谷で兄がやっていた喫茶店を手伝っていた。希少だった本物の砂糖を使用したコーヒーのほか、汁粉や善哉などを出して、大いに繁盛した（店の名義人がフランス人で、当時日本人では手に入らない砂糖を入手することができた）。その後、一九五一年、銀座に進出して兄に替わり自ら店の経営をするようになり、ゲイ客の要望に応え、そこをゲイバーに専門店化することになった。かびやかずひこが「あまとりあ」(一九五五年七月号)に寄稿した記事「ゲイバアの生態」によると、このときの蘭屋は、二十歳前後とみられるボーイが四、五人いて、客層は二十代三十代の青年が多かった。「三島由紀夫の姿をここで見掛けたことがある」とも記しているが、ブランスウィックに比べて年齢層も低く、庶民的だったようだ。

多くのハッテン場があった新宿

銀座の店舗も成功したが、ほどなく新宿に移転することになる。前田によると、「『蘭屋』の繁盛に刺激されてか、その周辺に七、八軒のゲイバーがオープンして、ちょっとしたホモ街が出現し」て(＊1)客も集まるようになってきたが、「銀座の気取った感じも鼻についてき」て、新宿へ移ることを決めたという。前田とかつて懇意にしていた方の話では、ヤクザとのトラブルなども抱えていたという。内情はよくわからないが、ともあれ、一九五四年(＊2)に新宿に新たなゲイバーを開くことになった。

『極楽商売』で前田は、一九五四年の移転先は「新宿三越の裏、〝第一劇場〟という映画館の隣りであった」としている(＊3)。この中央通りの店舗には確実に数年いたはずである。なぜなら前田の中央通りの店舗での思い出によると、なんとフランスのスター俳優・ジャン・マレー（一九一三～九八、ジャン・コクトーの愛人だったといわれ『オルフェ』などに出演）が蘭屋を訪ねて来たという。マレーがニューヨークで見つけたガイドブックに蘭屋の情報が掲載されていたというのだから、情報伝播のタイムラグを考えると、銀座からここに移ってきて数年は経っていたはずだ（＊4）。調べると、たしかに、ジャン・マレーは一九五七年に映画『忘れえぬ慕情』で岸恵子と共演するために来日している。

前田が三越裏に最初の移転場所を決めた理由が『極楽商売』には書かれている。

「この映画館【筆者注・第一劇場】は今は三越の駐車場になっているが、当時はハッテン場の一つとして知られていた。しかも周辺に小さな映画館が密集し、それぞれがハッテン場になっていたから、『ここなら……』と考えたのである」

さすが商才があったといわれる前田だけあって、ちゃんと立地に関してマーケティングをしている。ハッテン場からの人の流れを読んでいたのだ。

前田がここでの集客を見込んだように、当時新宿にはハッテン場が多くゲイが集まっていたことも、二丁目がゲイバー街になっていくのを可能にした素地だったと考えるべきだろう。一九六三年の「風俗奇譚」の「全国ホモのハッテン場」によると、新宿のハッテン場に「新宿文化、地下ニュース、日活四階の名画座」が挙げられているし、新宿駅西口のトイレというのも盛んであった。少し後になるが「GREEN LETTER」（一九七一）にも、新宿のハッテン場は、東映オデオン、新宿大映、アートシアター新宿文化、新宿東映、スカラ座地下、日活名画座、伊勢丹のトイレ……など多くが挙げられている。それは他のターミナル駅よりもずっと多い。

私が二丁目に行くようになった八〇年代でもまだ、新宿駅のトイレにはハッテン場が多かったくらいだから、他に相手を見つける場や手段がなかった一九五〇年代ならもっと盛んだったと想像できる。つまり、戦後、新宿にはゲイバーの顧客になる潜在的なゲイ人口がどこより多かったのである。

「花の吉原、男の権田原」

それから、映画館や駅のトイレとは別に、新宿からほど近い〝権田原〟は当時の一大ハッテン場であった。「伝説の」と冠をつけてもいいが、ここは今日にいたっても郷愁とともに語られることがあるくらいだから、当時どれほど〝盛んだった〟かがわかるだろう。

現代風俗研究会編『現代遺跡・現代風俗'91』に収録されている山内昇「現代遺跡・権田原の探検」によると、ハッテン場としての権田原は、一九六一年から一九七一年までの十年間が最盛期だった。その地番は東京都港区青山一丁目七番地。JR信濃町駅からは徒歩五分、都電がまだ走っていた頃には権田原駅が目の前にあった。信濃町駅から明治記念館に向かって歩くと、歩道の左側に迂回路があり、その遊歩道の途中にある公衆便所。その向かい側にあたる明治神宮外苑の森の入り口の公衆便所。その斜め前方にある小公園。ゲイたちはこういった辺りを夜陰に紛れてぐるぐると徘徊しながら〝ハッテン〟していた。

六〇年代は、地方に住むゲイにもその名が知られるほどの賑わいで、「花の吉原、男の権田原」などという言葉まであったという。山内の聞き取り調査によれば、そこはゲイたちが〝ハッテン〟に興じるためだけに群れているのではなく、仲間とのおしゃべりをする目的でも来ていて、コミュニケーションの場の一つとしても機能していたらしい。また顔役のような人間までいて、新参者には権田原での作法をレクチャーしていた。それは〝オヒデ〟と呼ばれる男なのだが、実際は〝オヒデ〟一人を差すのか複数だったのかも定かではないとある！　ある意味で、当時のハッテン公園はゲイたちにとって、ゲイバーとハッテン施設が組み合わさったような野外空間だった。

一方、一九六四年の東京オリンピックなどを契機にして、「道路整備や、〝東京をきれいにする〟という名目の浄化作戦によって権田原は追い詰められていく。権田原バス停付近の公衆便所は柵で厳重に封鎖され、暗闇を消すための街灯も整備された」（二〇一三年十月の「日刊ＳＰＡ！」の南定四郎氏への取材）。東京の公園のハッテン場は戦前から存在していて、三島由紀夫の『禁色』にあるように戦前から盛んだった日比谷公園は終戦直後も賑わい、そのうち信濃町駅近くの権田原が栄えるようになった。ハッテン場の流行り廃りは現在でもあることである。

三島由紀夫の青春ゲイ小説『仮面の告白』が、自身の同性愛に悩み、女性との関係を試みようとして挫折した末に、その欲望に抗えないことを悟るシーンで終わるのは、きわめて予言的であるが、戦後（＊5）の男性同性愛の欲望は押しとどめようもなく社会空間へと溢れ出す。最初は夜の公園や公衆便所などに、そして、その暗がりの外にも流出していく。

「ある夜、常連【筆者注・権田原の常連】の九人がタクシー二台に分乗して新宿二丁目のバーへ繰り出したことがある。彼らは二階の座敷へ追いやられて車座になって飲んだ。

一本二五〇円のビール三本で閉店まで粘った。常連は権田原の外への脱出口をさぐっていた。かって、新鮮な刺激に満ちていた夜の空間は、次第に精彩を失いつつあった。そして、権田原はその役割を新宿二丁目に移動しはじめていた」（山内昇「現代遺跡・権田原の探検」）

山内昇の研究にあるこの証言は、ゲイバー・クロノスのマスター（故人）によるものと思われるが、権田原の常連たちが（売春防止法後の）青線地区の店にたまたま入って、朝まで宴会をしたことがあり、客枯れに窮していた店主がそれに商機を見て、ゲイたちに店を解放することを思いつき、そこから二丁目へのゲイの進出が加速したというエピソードだ。一九六〇年代半ばの記憶と思われる。クロノスのマスターは、六〇年代末に渋谷から新宿二丁目に支店を出したゲイバー、**パル**で店員として二丁目で働くようになるのだが、当時の二丁目の変化を観察していた数少ない証言として記録しておきたい。

ハッテン場としてのゲイバー街

先日、取材でお話を伺ったあるゲイバーのマスターは大学生だった頃、六〇年代末から「要町」のシレーや、パルなど二丁目のゲイバーに通うようになった。深夜それらのバーから客同士タクシーに相乗りして、権田原へハッテンしに行くことがあったという。タクシーで新宿通りを飛ばせば、十分程度で着くので便利だし、逆に権田原でのハッテンから二丁目に乗り付けることもあったと別の年配者にも聞いた。当時のゲイバーはどこもだいたい混んでいたので（供給より需要が過剰だった）、店の側としてもそうやって客が循環することは好ましいことだった。ネット社会以前のゲイバーは、性的な出会いを求める客が主だったため、同じ客に長時間粘られるより、どんどん客が入れ替わったほうが店内の「鮮度」を保てる（新しい出会いのチャンスが増す）から、歓迎されたのだ。

また、現在のようにメディアが発達していなかった時代、とくに男性同性愛の専門雑誌もなかったような時代には、ハッテン場で知り合った相手に教えてもらったのがきっかけでゲイバーに通うようになった、というのはふつうのケースだった。蘭屋の前田もハッテンした相手からゲイバーの夜曲を紹介されたと語っているし、吉野ママも同様だった。ゲイ雑誌が七〇年代初頭に登場するまでは、そうした経路でしかゲイバーまではたどり着けなかった（〝変態の〟総合誌ともいえる「風俗奇譚」はあったものの、ゲイバー情報はそれほどは掲載されていない）。ゲイバーの側からしても、ハッテン場から新しい客を拾ってきてくれればありがたかったはずだ。
このように考えてみると、二丁目のゲイバー街というのは、広い屋外のハッテン場をそのまま町の区画に移し込み、一つ一つの集合スポット（トイレとか電灯下とか）をバーの店舗に置き換えたものだ、ともいい得るかもしれない。大塚隆史は自著のなかで二丁目の特徴を、ゲイたちが相手を求めてバーを移動して行くその「回遊性」にあるとした。「客がお気に入りの店を何軒も次から次へと回ることだ。多くの客が一晩に三～四軒をはしごする。今夜こそ相手を見つけるぞと気合いの入った人なら十軒以上回る場合だってある。
基本的に客の多くは『誰かいい人と巡り合いたいナ』と思って二丁目にやって来るから、お目当ての全くいないような店にグズグズしていては、他の店にいるかもしれない大きな獲物を逃してしまいそうで、お尻が落ち着かないのだ」（大塚隆史『二丁目からウロコ』翔泳社）
先に述べたように、ハッテン場や、権田原にいたゲイ（ホモ）たちも、相手を探してぐるぐる回遊していた。一つのトイレにタイプがいなければ次のトイレに行き、そこもダメならまた次へ、そして振り出しに戻ったり……といった具合で、実は、その行動原理はハッテン場も、二丁目もそんなに変わらない（＊6）。顔をライトの下にさらす勇気さえあれば、雨風をしのげるバーはコミュニケーションにも適しているし、居心地が良かったはずだ（もちろん、ハッテン場のほうが拙速な性行為には都合がいいし、そういった場所の情緒を好むゲイも少なくないから、そちらもあまり廃れなかった）。だから、見方を変えれば、新宿二丁目は、周辺のハッテン場に集っていたゲイたちによって、「発見」されたのだ。彼らが自分たちにとって都合の良い街だということを「発見」した結果生まれたのが、新宿二丁目のゲイバー街だった、ともいえる。

二丁目が十年くらいの間で急速にゲイバー街となったのは、ゲイ（男性の同性愛者や、両性愛者）たちの溢れんばかりの性的なエネルギーが駆動したからであって、それなしには想像もつかない変貌だった。パソコンの急速な普及を後押ししたのが男たちのスケベ心だったという説があるが、こちらもそのようなものである。そして、性欲というのはたいてい他者を必要とする。その誰かを求めずにはいられない欲求が、出会いの場を生み出していった。新宿二丁目には〝ホモ系ゲイバー〟が圧倒的に多く、〝女装系ゲイバー〟は世間の印象よりずっと少ないが、ゲイバー街の形成を促進したのは、端的に、男性同性愛《ホモセクシュアル》の欲望であった。（＊7）

このように、夜の公園や駅のトイレ、映画館などのハッテン場からゲイバーへのひとの流れというのが、ゲイバー街の成立において重要なファクターだったことは間違いない。そして、素性がバレる可能性がある空間に身を置ける男性同性愛者が増えることが、〝ホモ系ゲイバー〟の店舗数を増加させるためには前提条件だったわけである。その欲望のエコノミーが、一九五〇年代までは、新宿でいえば「要町」に十軒程度のゲイバー街を作る程度のマーケット規模しかなかったが、六〇年代後半になって急速に膨張していったと考えられるだろう。

初のゲイバー組合

話を蘭屋に戻すと、再び一九五八年に店を中央通りから「要町」に移転するのだが、前田はこれに関してとくに理由を述べていない。戦前から新宿のメインストリートであった三越裏の中央通りは、まだ歌舞伎町に完全にはひとの流れを取られてはいなかったはずだし、ハッテン映画館の盛り上がりも変わらなかっただろう。だから、より広い店舗を求めたというのはありうるし、あるいは、イプセンやどん底の成功している場所に近いほうがさらに有利だと考えたのかもしれない（松浦貞夫は、蘭屋の移転についてそのように回想している)。そして、蘭屋本店は、一九八八年に二丁目サイドに移転するまで、およそ三十年間、「要町」で店を構えることになる。

その歩みには苦労もついて回った。先に記したように、初期には警察からの嫌がらせも頻繁で、前田によると、日本の恥だからオリンピックまでに一掃してやると、刑事が豪語していたという。しかし、それで奮起した前田は、東京睦友会という名のゲイバー組合をオリンピックの前に結成した。そこには約三十軒のバーが加盟。一致団結しないと潰されるという危惧があったからだった。このときどんな活動を展開したのか多くは語られていないが、警察にいじめられたときなどに互いに励まし合ったりしたらしい。愚痴をいい合ったり、親睦を深めたりという集まりだったのだろう。この組合については「風俗奇譚」(一九六四・四)の記事「新宿のメケメケ・バー」(西塔哲)でも取り上げられている。

「ここも最近、組合ができて、加入店が約四十軒、未加入店を入れれば軽く五十軒を越すことになろうが、実数は業者自体でもつかめないというのが、実態だろう。

これらの店が、南から、千鳥街、二丁目、歌舞伎町、花園町、区役所通りの、限られた狭い地域に密集しているのだから驚く」

蘭屋の店主が主宰した組合に、千鳥街の〝女装系ゲイバー〟も（全部ではないかもしれないが）加入していたのだから、当時の新宿には女装系、ホモ系問わずゲイバーのネットワークがそれなりにあって、その中心が「要町」の蘭屋だったことがわかる。

このときの組合活動はすぐに収束、休眠してしまう。しかし万博の前にも同じような嫌がらせがあったことから、七三年に改めて、東京睦友飲食店組合として再結成される。「今度は女装バーを除いて」七、八十店が加盟した（女装系を入れるとさらに多くなる、という意）。前田が「女装バーを除いて」とわざわざ断っているところに、〝ホモ系ゲイバー〟と、〝女装系ゲイバー〟が似て非なるものだという認識を、当事者たちが抱いていたことがわかる。それは差別的ということではなく、欲望の原理が違っているという意味においてであるが。

組合の再結成にあたっての前田組合長のコメントが「アドニスボーイ 第5号」に掲載されている。

「みなさんが、このように、まとまったということは、たいへん嬉しいことです。（略）とにかく安心して遊べる。安心して飲める料金のお店ということをアッピールすることが、なによりも喜ばれると思うのです。みなさんのご協力によって、組合が大きくなることを願っています」

ここでは警察云々のことはとくには触れられていないが、『極楽商売』によると、「今度は私が警察にも出向いて、こちらのことも訴えるようにしました。前回はいじめられた時に励まし合う程度だったけど、それではいつまでたってもいじめられるばっかりだと思ったものですから……」。

そして新宿厚生年金会館を借り切って演芸会を開き、加盟店の親睦を図るとともに、その収益を福祉施設に寄付したりもした。社会的な貢献をアピールする意図があったという。「オリンピックや万博のような危機がいつ訪れるかもしれない。その時のために社会に貢献しているという実績を作っておきたいというわけであった」。そのイベントは三年続いた。日本で同性愛の人権運動が本格的にはじまるのは八〇年代に入ってからのことだが、それより以前に、こんな試みが二丁目で行われていたことはすっかり忘れ去られている。しかしこうしたゲイバー組合の活動もまた、一つのゲイ解放運動の試みだったとはいえまいか。それが社会運動の大義名分を掲げなかったとしても。

さて、前田は「要町」に蘭屋を移して以降、灯の消えた二丁目の物件を買い取って改装し、ひとに貸したりもした。二丁目の店舗の十軒くらいは彼が誘ったり、相談にのったりして出店されたゲイバーだったという。こうした前田の業績も、新宿二丁目がゲイバー街になるための礎となったことは間違いない。彼が計画して二丁目にゲイバー街を作ったわけではないにしても、そこに求心力は確実にあった。ひと一人の力がどれだけ大きなものなのか、というのを改めて考えさせられる蘭屋の歴史である。

前田光安は一九九七年に亡くなった。それを一般週刊誌までもが「新宿ゲイバーの草分け『蘭屋』主人73歳の死」と報じた。彼の世代のゲイにしては珍しく独身（女性と結婚していない）であったが、その死を看取ったのは連れ合いの男性だった。

注

（＊1）三橋順子「戦後東京における『男色文化』の歴史地理的変遷」（『現代風俗学研究』12号 現代風俗研究会 東京の会 二〇〇六年三月）によると、一九五四、五年頃の銀座のゲイバーの数はそれぞれ一軒、三軒となっている（かびやかずひこが『風俗草紙』に寄稿した記事を元にした研究）。しかし、前田光安の証言によれば、その時期にすでに七、八軒のゲイバーが銀座に存在していたことになる。ゲイバーの数は、カウントする人物の情報力や人脈、また主観によって容易に変わってしまうので、とくにこの時代のゲイバーの数は、数軒という以上には、あまり数値的には意味を持たない。

（＊2）先のかびやかずひこの記事は一九五五年のものだが、その年に蘭屋が銀座にあったとなると、『極楽商売』にある新宿への移転の年と矛盾してしまう。かびやの取材がもっと以前で、掲載まで数年を経たことによるズレかもしれない。ここは前田本人の記憶を尊重することにすべきだろう。

（＊3）私は「ゲイの考古学」（一九九七～九八「バディ」誌に連載）を単行本『ゲイという〈経験〉』にまとめる際（二〇〇三）、最初の店舗は新宿二丁目の新宿通りより南にあった千鳥街だったとし、その後、千鳥街から中央通り、そして「要町」に移転したと記している。これはイプセンの松浦貞夫の証言を元にしていて、松浦の記憶が非常に精度が高かったことと、その内容が具体的だったためだった（千鳥街の店舗を「おでん屋のような狭い店」と回想）。また住宅地図の昭和三十七年版で、千鳥街に「蘭屋」の文字があり、それを、蘭屋が、最初に出店した千鳥街の店舗の権利を持ったままにしていて、誰かに貸していたのではないかと想像した（しかし、昭和三十年版の住宅地図では千鳥街に蘭屋の名前はない）。

〝第一劇場の隣り〟という立地は、松浦証言での「中央通り」に相当する。前田が千鳥街への出店を端折って語っていた可能性を感じつつも、今回、蘭屋は一九五四年、銀座から新宿三越裏の中央通りに移転し、一九五八年に「要町」（現在の三丁目、当時の二丁目番地）に移ったという前田の回想に依拠することにした。

（＊4）ただし、二〇一八年に出版されたばかりの三橋順子著『新宿「性なる街」の歴史地理』には、「後に新宿のゲイバー業界で老舗になる『蘭屋』（前田光安マスター）は1954年（昭和29）に銀座から『千鳥街』に移転してきた。『蘭屋』はすぐに（1955年〈昭和30〉頃）要通り（略）に移転してしまうが」とあり、この本には拙著や、『極楽商売』が参照されていないので、それとは別のソースが存在しているのかもしれない。

ちなみに、「週刊新潮」の追悼記事には、蘭屋は銀座から「昭和三十年だったか、遊廓とは道を一本へだてたかなめ通りに出店した」とあるが、この〝蘭屋の新宿移転、一九五五年説〟は第三者からの伝聞のようなので、あまり信用できない。

（＊5）こうしたハッテン公園には外国人なども多くやってきていた。前田光安は戦後日本のゲイシーンにおける進駐軍の影響の大きさを強調している。「進駐軍の果たした役割というのはものすごく大きくて、ほれ、ひところ共産党が進駐軍のことを〝解放軍〟と呼んで奉った時期があったでしょ。ホモと共産党にとっちゃ、進駐軍はまさに〝解放軍〟だったですね。（略）私らの仲間が、彼らに対して抱いた憧憬というのか羨望の念は、そりゃあ、口ではちょっといい表せないくらい深く、大きいものがあったんです」(下川耿史『極楽商売』)

(＊6) 現在の二丁目は、ネットが普及してゲイたちがどこでも出会える(ハッテンできる)ようになったので、そんなに「回遊性」が重要ではなくなってきている。それゆえに、ゲイバー街としての役割が縮小していくのは避けられないだろう。またその機能も、性的な出会いから、人間的なコミュニケーションの場へと重心を移しつつある。

(＊7) 六〇年代はじめにはもう〝女装系ゲイバー〟と、〝ホモ系ゲイバー〟はある程度住み分けがあって、現在と同じで、料金も女装系の方が高めの設定となっている。

「ゲイバーで遊ぶ予算といいましても(略)ビールは大びんで二五〇円、国産ウイスキー一五〇円、スコッチ五〇〇円、つまみ一〇〇円ぐらいです。したがって、千円ぐらいでじゅうぶん楽しめます。

ただし、店員が化粧している店では、それより二割ぐらい高くなります。ほかに税金が一割付きます」(「風俗奇譚」一九六三・一二、つぼゐひでを「りぷらい・つう・ゆう」より)。

〝ホモ系ゲイバー〟のほうが低価格なのは薄利多売の商売の方がゲイたちの回遊性に適しているためだろう。またその低価格から、男性同性愛の欲望の総量や、ゲイバーへ足を運ぶ人数の多さが想像される。〝女装系ゲイバー〟のマーケット規模はそれよりもずっと小さい。

第一〇章　アングラ文化の渦中で花開く

カウンターカルチャーの拠点

「新宿で、しがらみに向かって盛りあがっている部分は、ちょうど歌舞伎町のあたりである。ここには、なんともざわざわしたものがぎっしり盛りこまれている。歌ごえ喫茶、コマ劇場、映画館など。（略）

ところが新宿族といわれる若者たちは、こうした場所を避けようとする。飲んで大声で軍歌をうたいながら肩を組んで歩くなどという光景には、違和感を感じてならないらしい。彼らは、盛り場だからといって、やたら騒いだりぶらついたりはしない。そして、むしろしがらみから逆に静かな四谷の方向に戻ったところにたまり場をつくっている。ゲイバーとかレスビアンバーなどは、人目をさけて、三光町や新宿二丁目などの奥まったところに多い。ゴーゴースナックなどもその傾向がつよい」

これは深作光貞『新宿 考現学』からの引用である。この本は一九六八年に出版されたもので、著者の深作はワシントン州立大学客員教授、京都精華短期大学学長、奈良女子大教授などを歴任した文化人類学者。それまでは東南アジアを専門にしていたが、本作では一九六〇年代後半の激動の新宿をフィールドワークし、カウンターカルチャー(対抗文化)の拠点となったこの街の動向を生々しくレポートしている。

「若者たちは、女性に夢をもっていない。だから一人の女性に固執もしないし、とくに愛情もわかない女性とも寝る。男性とも女性とも寝る両性(バイ・セックス)派もいる。そういったことにも衝動的で金属的な、現代青年の性向がうかがえるようである」(同)

ここでは、同性愛が当時のカウンターカルチャーやフリーセックスなどの文脈で語られている。

「新宿の若者の間に驚くほどひろがってきているのは同性愛であろう。もっとも、本格的で天性的とさえいえる根っからの同性愛愛好者は、いつの時代でも限られたごく少数者にすぎない。このばあいでいうホモやレスが急増しているのも、ほとんど過渡的で中途半端な人たちである。(略)

新宿には、ホモのゲイバーやスナックが百二十軒以上、レスビアンバーはヅカ(宝塚の「ヅカ」からとったのだろうか)ほか三、四軒ある。このほか、スナックのナジャが、ホモやレスの集まる場所として知られている」（同）

この時代に新宿に集まっていたホモ（ゲイ）やレズビアンが一過性の同性愛だったかどうかはともかく、この本は、一級の学者の研究として、当時の新宿のゲイバーに関してテキストに残された希少な記録として無視できない。発売年月日から推測するに、ここに記述された新宿は一九六七年あたりと考えるのが妥当であると考えられるが、このときにすでに一二〇軒以上のゲイバーがあったというのだ。ヅカについては「GREEN LETTER」（一九七一年）にもその名前が記載されているが、もしかしたら今日でいうところのレズビアンバーというより、〝おなべバー〟に近いのかもしれない。また、深作がわざわざここで「ホモの」ゲイバーと記しているのは、それらが〝女装系ゲイバー〟ではなく、男性同性愛者を中心としたゲイバーであることを強調したいからだ。この本にはそれ以上の言及がなく、正確なカウントではないだろうが、大雑把にはその程度の数の〝ホモ系ゲイバー〟があったというのだから、一九六〇年代前半に比べると、急増した印象は免れない。

一九六六年（十月二十七日号）の「週刊大衆」には「男が男に惚れる〝性の欲望〟」という記事が掲載されている。リードにはこうある。

「男が男を愛し、愛されたいという関係――男の同性愛者〝ホモ族〟が、とみに増えつつあるという。事実、この傾向を裏づけるような事件が、最近、東京の山手であいついで起こった。

健全な性の欲望の持ち主からは、想像に遠い〝ホモ族〟なるものは、なぜ増えつつあるのか。また、彼らはどのような場所で、どのような方法において、男同士の交換を行なっているのか。この疑問に挑んでみると――。」

記事には、その当時の、同性愛やゲイボーイに関する「専門家」だった奈良林祥医学博士や、漫画家の富田英三、新宿二丁目のゲイバー・ぼんちのつぼゐひでをなどが登場し、同性愛に関わる殺人事件などに言及しながら、増加傾向にあるというホモについて解説や分析を紹介している。そこにもこんな記述がある。

「場所は、新宿二丁目。一説によると、わが国のゲイ・バーは、世界的に知られたものであり、とくに八十軒が集中している〝シンジュク〟は世界のホモ族のあいだでは、知らぬものはいない、といわれている」（同）

ロラン・バルトの地図

一九六六年の段階ですでに二丁目を中心とした新宿（このときはまだ要通りの地番は二丁目だったからそこも含まれてのことと考えられる）にゲイバーが八〇軒もあり、世界にまで知られているというのだから、ゲイバー街としての認知はそれなりに生じはじめていたのだろう。

「世界のホモ族のあいだでは」というのもまんざら大げさではない。「作者の死」などの議論で知られるフランスの哲学者、ロラン・バルトは一九六六、六七年と日本に滞在し、その見聞をもとに書いた日本論『表徴の帝国』を一九七〇年にフランスで発表した。ゲイだった（と思われる）バルトは日本のゲイバーにも通っていて、新宿の伊勢丹から二丁目あたりまでの手書きの地図をその著作のなかに掲載している。彼が通っていた（はずの）ゲイバーのパルやシレー、みたか、イプセン、ラ・カーブ、**COC**といったかつての有名店や、二丁目においてゲイ御用達の連れ込み宿、**雀のお宿**の名前も記されていて、手頃な新宿ゲイマップになっている。ロラン・バルトにしても、「要町」を中心とした三丁目から二丁目にいたるエリアがゲイバー街として認知されていたのだろう。

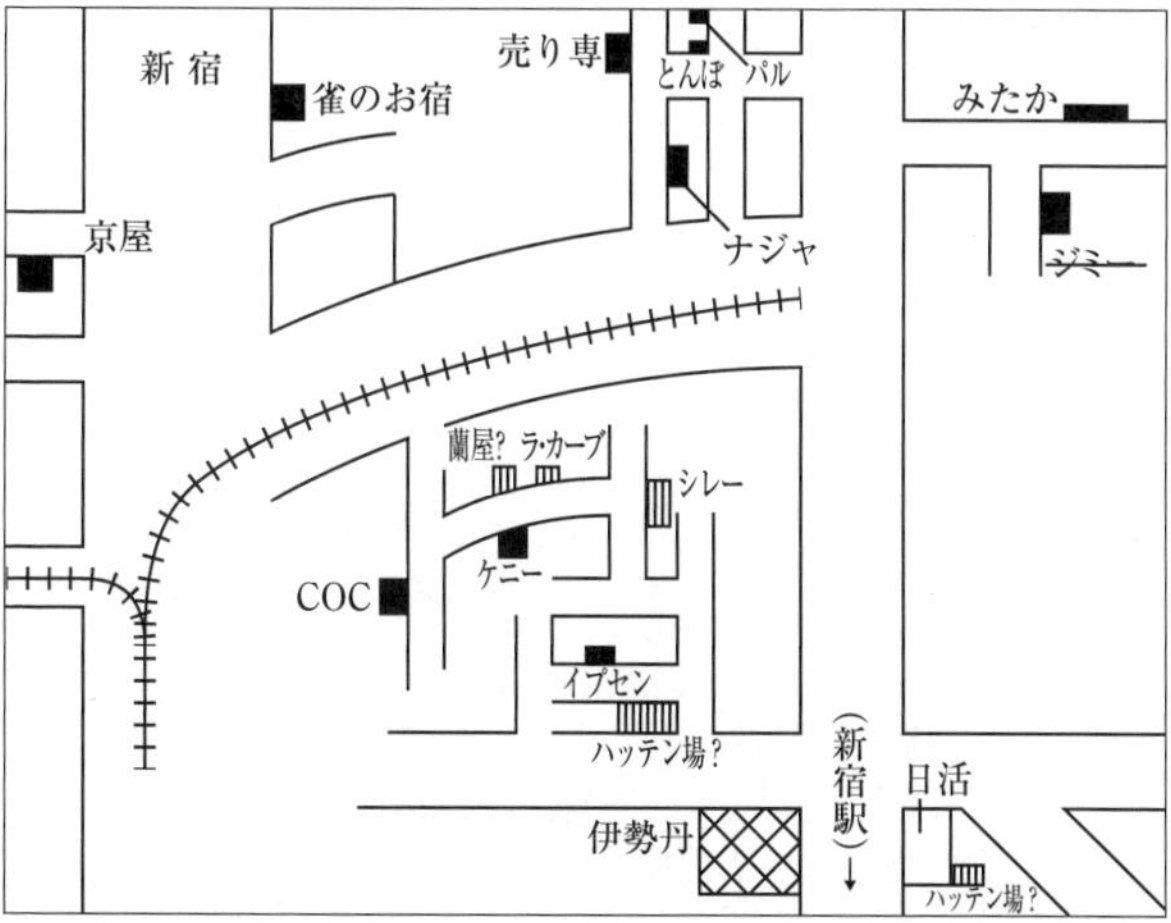

『表徴の帝国』より再構成

ちなみにその地図には、千鳥街においてはジミーだけが記載されているが、店名が線で消されている。これは千鳥街が移転でなくなったことを表わしていると推測される。

六〇年代後半のゲイバーを憶えている新宿二丁目の住人もいる。町会で婦人部長を務める藤山紗江子さん（仮名）は、ご両親が愛知県の渥美半島から新宿に出てきて、駅前のデパート内で総菜店を経営していた。最初は二丁目には惣菜作りの小さな工場を置いていたのだが、その後そこをビルに建て替えた。紗江子さん自身は一九六七年にここに引っ越して来たが、その頃すでに、新宿公園と太宗寺が接する近くには四、五軒のゲイバーがあったことを記憶している。そののち藤山さんが子育てをしているときには、それらの店のゲイの店主らにお子さんを可愛がってもらったという。

一九六八年あたりに千鳥街が現在の場所に新千鳥街として移転してきたことが、二丁目にゲイバー街を形成するトリガーになったという風説もあるが、それ以前にすでにゲイバーは急増していた。六八年に二丁目を初めて訪れたという団塊の世代のマサキさんは、当時大学生で、「すでに二丁目はゲイバー街だったと聞いていたし、実際、今とそんなに街の印象は変わらない」と私の取材に答えている。造形作家の大塚隆史も、同時期に来訪した二丁目の様子を、「そんなに現在と違う気がしない」と語っていた。当時、ゲイバーが何軒あったのかは定かではないが、多くのゲイが集まって来ていたのだろう。

また、何人かの住人に尋ねると、千鳥街にはゲイバーではないスナックが多かったという印象がもっぱらで、その移転の際には、小学校の同級生家族が引っ越していったという話も取材で耳にした。前に、一九六四年の「風俗奇譚」で〝女装系ゲイバー〟が複数あったことが紹介されていた記事に触れたが、それらのバーがその後いつまで続いたのかは不明で、新千鳥街への移転が〝女装系ゲイバー〟を中心にしていたのなら、そのことは、二丁目のゲイバー街の形成の本質的な要因にはならなかっただろう。なぜなら、それらは二丁目のゲイバー街を形成した原理とは異なる欲望のバーだからである。あくまでも、現在の二丁目を二丁目たらしめたのは男性同性愛の原理であった。

さて、深作の『新宿 考現学』に戻ると、その研究の方法論についてこう綴られている。

「一つの研究室から数人の学者がそれぞれのパートを受け持って進めるというような、従来の方法では、とうていこのジャンルの生態を把握することはできない。新宿はまさに動態である。だからむしろ、現に流動しつつある新宿のさまざまな世界の当事者そのものの中に取材員をつくり、それらの大総合の上に立った一種の共同研究をめざしたのである。そのオルガナイズは、成功した。地元の新聞社、公務員、銀行員、学生から、バーテン、フーテン、男娼にいたるまで、積極的に協力してくれたメンバーは五十人をこえ、それに学生たちもよき助手をつとめてくれた。

筆者は、睡眠時間を極度に減らして、自分でも新宿じゅうを歩きまわって取材にあたったし、取材員から集まってくる膨大なデータの確認と整理にあたった」

そうして激動の六〇年代後半の新宿に肉薄すべく、『新宿 考現学』では歴史や都市構造ばかりでなく、アングラ、ハプニング、ジャズ、サイケデリック、フーテン、アマゾン女族、ゲイやレズビアン……といった風俗文化、時代の鼓動を記録している。

深作光貞は文化人類学者であるだけなく、歌人の顔も持っていた。ウィキペディアにある彼の項に、関係者として中井英夫、寺山修司、塚本邦雄といった文化人、それもホモセクシュアルの香りのする人物名が並ぶのは、いささか興味深いところでもある。この本を執筆するにあたって深作は、追い込みの時期には、

「二か月ほど、新宿の渦の中心要町の旅館に泊りこんで、調査にあたった」

としているが、この「渦の中心要町」という表現に、当時の新宿の文化がよく表れている。「要町」とは例の、一九五〇年代後半から小さなゲイバー街ができた新宿三丁目と（当時の二丁目の）要通り付近のエリアのことである。

『毛皮のマリー』『薔薇の葬列』

伊勢丹から明治通りを挟んだ向かいには、新宿東宝、新宿大映、新宿文化劇場などの映画館が並んでいて、そのなかでもとりわけアートシアター新宿文化は、若者たちのアングラ文化の発信地でもあった。「要町」はそれらビル群の影にあたる部分でもある。

アートシアター新宿文化の総支配人・葛井欣士郎は、一九六二年にその職に抜擢されて

いる（前述したように、この映画館は当時ハッテン場としても有名だった）。「葛井欣士郎は非商業的な前衛映画を上映、製作も後押しした。大島渚監督『新宿泥棒日記』、寺山修司監督『田園に死す』、羽仁進監督『初恋・地獄篇』など多くの名作を世に送り出している。映画が終了したあとはアングラ劇を上演し、夜の明治通りは長蛇の列となった」（赤岩州五『新宿・渋谷・原宿 盛り場の歴史散歩地図』）

一九六七年、ここで劇団・天井桟敷によって上演されたのが、かの寺山修司の代表作『毛皮のマリー』である。四十歳の男娼、毛皮のマリーを丸山明宏（美輪明宏）が演じた芝居で、演劇としては空前のヒットを記録。この評判によって三島由紀夫が『黒蜥蜴』の主演を丸山に依頼することにしたという、丸山にとっても記念すべき舞台であった。劇中には当時のゲイバーのママたちが多数登場して踊る演出もあり、現在だったら〝クィア演劇〟とでも評されるであろう斬新な世界観を表現したものだった。

またこのアートシアター新宿文化の地下のアンダーグラウンド蠍座では、コクトーの『声』など同性愛やそれをにおわせるような作品がけっこう上演されていた。三島由紀夫の『三原色』を演出したのは、三島と縁浅からぬ劇作家・演出家の堂本正樹であった。彼も『男色演劇史』などの著作がある、同性愛の日本史を語るとしたら欠かせない人物だといえるだろう。

新人だったピーターが主演した前衛映画『薔薇の葬列』も、ここアートシアター新宿文化で公開されている（松本プロダクション・ATG提携作品）。「平凡パンチ」のレビューでは、

「〝日本よいとこ一度はおいで〟なんてお歌ができそうなくらい、いまや、日本は世界一のホモ天国になりつつある。世界のホモ人類は、この東洋のパラダイスを求めて、いつか、大挙押し寄せてくるであろうよ。そんな意味からすれば、『薔薇の葬列』は、まさに記念碑的映画――これだけ大っぴらにホモを描いたということだけでも、大へんなことだ」（一九六九年九月十五日号）

と紹介されている。現在でもカルト的な人気を得ていて、まさに画期的なクィア・ムービーだった。

その映画館（劇場）の並びから明治通りをもう少し池袋方面に行くと、左手に在るのが花園神社である。芸能の神などを祀り、江戸時代から男娼などがいたとされる境内だが、六七年、ここで唐十郎率いる状況劇場が赤テントを張り、『腰巻お仙――義理人情いろはにほへと篇』を上演し、物議をかもす。

これは演劇史に残る出来事だった。唐は、天井桟敷を主宰した寺山修司と並ぶ、六〇年代の演劇文化の寵児であり、花園神社はこの時代の若者文化の発信地とも目された。唐はその後、「下谷万年町物語」（一九八一）で終戦後の上野・鶯谷あたりにいたオカマたちの姿を描くことになるが、そもそも状況劇場の周辺には四谷シモン、金子國義といった〝クィアな〟趣のある面々がいたことでも知られている。丸山明宏を起用した天井桟敷もそうであるが、性的マイノリティとサブカルチャーの距離は相当に近いのである。

重なり合うゲイカルチャーとカウンターカルチャー

私事になるが、一九九六年に日本ジャーナリスト専門学校の文化祭で「クィア理論の現在」というシンポジウムが行われた。コーディネイトは文芸評論家の絓秀実《すがひでみ》（敬称略）だったが、光栄なことに、そこで唐十郎とともに私も呼ばれて喋ったことがある。内容はあまり憶えていないのだが、最初、クィア理論というテーマでゲイの書き手である私が呼ばれるのはまあわかるにしても、どうして唐十郎氏なのだろうか？　とピンとこなかった。けれど、絓秀実のなかでは、唐十郎が六〇年代から表現してきた劇作は、〝クィア〟（変態、風変わりな）としかいいようがない性表現や世界観だった、ということなのだろう。

このように六〇年代後半、「要町」近辺は、カウンターカルチャーやアングラ文化の「渦の中心」でもあり、そういう文化に共感する若者や、表現者などが集う街としての求心力を得ていた。だからこそ深作光貞はそこを根城として、この時代に息づく新宿をとらえようとしたのだ。そして、戦後からその辺りの映画館は軒並みゲイのハッテン場であり、小さなゲイバー街もできていたので、ゲイカルチャーとカウンターカルチャーは隣り合って存在していた。いや、むしろ重なり合っていたのである。

挿絵画家の宇野亜喜良は「要町」にあったどん底を回想して、

「その頃、ぼくは日本デザインセンターというデザイン会社に勤めていて、そこにゲイの友人がいて、『どん底』の地下にあった三島由紀夫のネーミングだといわれる『ラ・カーブ』とか、その先の『らんや』とか何軒かのゲイバーに行ったりしていたのだけど、そのくせ『どん底』にはあまり出入りしていなかった。（略）その後は新宿文化劇場の映画のはねた後や演劇公演を観たあととか、やがて地下にオープンした蠍座の打ち上げで葛井欣士郎さんや加賀まりこさんたちと出掛けたりした」（「どん底」今昔）

と、「要町」周辺でのカウンターカルチャーとゲイカルチャーの混淆の一端を記している。文化人の常連客も多く、誰もがその名を知っている居酒屋でありながら、ゲイ客も少なくなく、そっちの文脈では、ゲイバーにカウントされることすらあったどん底。その店主、矢野智氏についてのノンフィクション『新宿・どん底の青春』（井ノ部康之著）という本がある。ここにはとくにゲイに関する記述はないのだが、どうしてだか、矢野氏が眠っているときに見た夢というのが唐突に挟まれる。


「『ねえ、サトシ、私は紫のバラが一番好き』

突然、背後で聞き慣れた声がする。

はっとして、振り返る。丸山明宏だ。

『実は、私は天草四郎の生まれ変わりなのよ。どう、似合うでしょ？』

丸山明宏は紫のバラを一本口にくわえ、婉然と笑っている。

（略）

拍手が聞こえる。落ちたバラを拾い、にこにこ笑いながら拍手しているのは『二万四千のキス』を歌い、ツイスト時代のスターとして君臨してきた藤木孝だ。彫りの深い美貌にほの暗い照明が落ちている。そうなのだ。舞台はいつの間にか花園から『どん底』の地下の客席に変わっていたのだ。丸山明宏、藤木孝のほかにも、女装をした男、女装はしていないが顔に化粧をした男たちが集まっている。藤木孝のように普通の格好の者も何人かいるが、いずれもスリムな体形で、例外なく美形だ。女性の姿はまったくない。

『やあ、今夜は賑やかだな……』

そう言いながら、入口からの階段を降りてきたのは作家の三島由紀夫だった」

これはあくまでも夢の話なのだが、店主の矢野氏がどん底に見ていたものの一端を垣間見るようで、なんとも興味深い。文化人類学者の砂川秀樹は博士論文をまとめた著書『新宿二丁目の文化人類学』のなかで、鋭い指摘をしている。

「一九六〇年代後半は、後に記すように、二丁目付近にゲイバーが増えはじめる時期でもあった。『あらゆる種類のヒトやモノを無差別に受け入れ』る新宿の特徴が、どれほど明確に意識されていたかどうかはさておき、現在よりもはるかに社会的に抑圧されていたゲイなどの性的マイノリティを誘引する性質であったことは想像に難くない。（略）反体制的な若者文化とゲイが、直接的な関係を結ばなかったとしても意味論的に近接した関係にあることを示唆している」

現実は、カウンターカルチャーとゲイカルチャーは意味論的に近接しているだけでなく、相当に重なり合ってもいたのである。これは六〇年代、「要町」ばかりでなく、現在の範囲の新宿二丁目のエリアも含めてそのような場所として存在していた。例えば、六〇年代を代表するバーともいわれる**ナジャ**。

「東口から新宿通りを四谷に向けて歩き伊勢丹を背に二丁目に渡る。その広い御苑大通りを左に折れて、さらに二本目の路地を右に入る。すぐ二つ目の建物の一階にその店はあった（八六年まで二〇年間そこで営んだ経営者が変わって三丁目に移り、さらに二〇年間を過ごして、今はまた元の場所の奥に戻っている）。現在でいえばジャズクラブ『新宿ピットイン』入口の目の前である。澁澤龍彥、種村季弘、巖谷國士、松山俊太郎、加藤郁平ら「澁澤眷属」と呼ばれた一群の反モダニストたちに、それぞれの担当編集者たち、そして暗黒舞踏の土方巽に唐十郎や四谷シモンなど状況劇場の面々、後には若松プロのメンバーたちも加わって、夜を呑み干し闇を睨んで数知れぬ宴を繰り広げていたらしい」（平井玄『愛と憎しみの新宿』）

ザ・六〇年代！　ともいうべき方々が侃々諤々の議論などしながら飲んでいた様子が伝わってくる。平井にとってのナジャは、こうしたカウンターカルチャーや反体制の空気を漂わせる空間だったことがわかる。一方で、この店はゲイバーとして「GREEN LETTER」にも記載されている。また「平凡パンチ」（一九六八年三月二十五日号）の「キミのための《TOKYO》地図」という特集でも、新宿マップの隅にしっかりピックアップされていて、そこには「ホモ的なBAR」と紹介されている。つまり、このバーはカウンターカルチャーの空間であり、ゲイバーの役割も担っていたのだろう。昭和少女文化のカリスマで、「可愛い」少女のイラストで人気だった内藤ルネが自著のなかで、ナジャの仮装パーティに女装で参加している様子を披露しているのも面白い。内藤ルネは、「薔薇族」を編集していた藤田龍のパートナーでもあった。

アナーキーで混沌とした街

もう一つ、平井玄が紹介していた二丁目のジャズバー「バードランド」は、ジャズ狂たちにとってのディープスポットだった。マスターは「酋長」と呼ばれ「新宿三大フーテン」の一人とされる人物だったという。その上、ゲイで「ツヤさん」という連れ合いがいた。それぞれモヒカンとスキンヘッドだったから二丁目でも目立つカップルだったらしい。しかし、不思議なことに、こちらのバーは前述のゲイバー案内では名前が出てこない。

こんなふうに、一九六〇年代末くらいの「要町」から二丁目にかけてのエリアは、劇団の事務所がいくつかあったり、ゲイバーがあったり、ジャズバーがあったり、ヌードスタジオやトルコがあったり……と、カウンターカルチャーやゲイカルチャー、そして赤線時代を引き継ぐ風俗店などが混在する、アナーキーで混沌とした街になっていた。そして現在の二丁目区画は、新宿の映画館の裏手にある「要町」よりも地価が安く、バーなどを開業するにしても、フーテンやヒッピー、若者たちでも手が届くような物件が存在し得たということは、想像の範囲といえるだろう。

こうした空間に、六〇年代後半、〝ホモ系ゲイバー〟は爆発的な増殖をすることになるのである。

第一一章　平凡パンチの時代

それはほんの偶然だった。

一九六八年の「平凡パンチ」に掲載されていたというある記事を探して、国立国会図書館に籠りページをめくっていたときのことだ。途中で「あれ？」と手が止まった。今から半世紀も前の雑誌にしては「同性愛」や「ホモ」に関わる記事がやたらと目につくのである。有名人女性へのインタビュー連載には、必ず、「最近話題のホモについてどう思うか？」という旨の質問が出てくるし、誌面には、カルーセル麻紀、金子國義、三島由紀夫、寺山修司……といった〝ストレート〟とはいい難い面々が続々登場する。

十一月四日号にいたっては、巻頭のグラビアで、オネエ然として写し出された画家の金子國義が詩人の高橋睦郎によって紹介され、特集「MAD AGE」では三島由紀夫が取り上げられている。ボディビルで作った裸身をメディアに晒しスクリーンでは丸山明宏とキスを披露する作家を、キミたちは正常と思うか？　と読者を煽る。演劇の紹介コーナーでは、文学座のアトリエ公演で菅野忠彦と石立鉄男が同性愛を演じた『黄金の頭《かしら》』にスポットを当てられ、「貴族たちの性生活」というインタビュー連載では、高校生のゲイが赤裸々な同性愛体験を語る。海外ニュースのページでは、ロサンゼルスで開催された「盛況の第一回ホモ五輪」が報告され、人物イラストルポでは、〝乳色のソドミズム〟を描く森茉莉の世界がクローズアップされる。さらには、唐十郎が、下谷万年町でオカマに囲まれて育った幼少時を振り返る……。これって、ゲイ雑誌なの⁉　と思わずひとりごちた。

そして、考え込んでしまったのである。私はかつて、日本のゲイ解放運動のはじまりを一九七〇年代後半の大塚隆史が中心になった時期に求め、それを〝七〇年代リブ〟と命名し、そこから歴史を素描した。大塚は、アメリカのゲイリブの思想を日本に持ち込み、〝カミングアウト〟の理念を初めて喧伝した人物である。そのメッセージを、時の人気ラジオ番組「スネークマンショー」のパーソナリティとして全国に発信した。同性愛の問題を社会的な差別の文脈でとらえようとするものはまだほとんどおらず、私には、彼の思想はこの国の同時代性とはあまり関係がない、という印象だった。その理路がアメリカのゲイ解放運動の影響下にあったとはいえ、大塚は一頭地を抜く突然変異的な才能である、と位置付けていた。

もちろん七一年に参議院選挙に出馬した東郷健のこともよく知ってはいたが、彼の活動は一種の徒花のように認識していた。その特異なキャラクターの印象だけを残し、その後のＬＧＢＴの運動にはさほど影響を与えなかったと、高くは評価しなかった。現在までの長いパースペクティブでとらえれば、東郷の業績をもっと肯定的な文脈に接続することは可能だが、同時代の東郷のゲイ解放運動は、一般市民はもとより、当事者にとっても反撥のほうが大きかったようにも振り返る。政見放送などでの過激な性の表現や訴えの内容が、市民的な生活感覚からあまりにも逸脱していたからである（それは現在に至っても同様だと思うが）。

今回、「平凡パンチ」を読み通してわかったのは、大塚隆史以前の六〇年代後半にも、一つ、日本にも同性愛の言説をめぐっての大きな変化があったことだ。その時代の「平凡パンチ」に掲載されている記事からは、ゲイリブにつながる解放への意志がはっきりと伝わってくるのである。同性愛は差別問題の文脈でさほど認識されてはいないのだけれど、そこには同性愛や性別越境（トランスジェンダー）を肯定しようという明確な意志が感じられた。むしろ、それこそが世界を正す道である、というくらいの思想性もにじんでいた。その思潮が、その時代を生きる同性愛者やトランスジェンダーの当事者にまったく無関係だったとは、どうにも考えにくい。

九〇年代に私が日本の同性愛の歴史を調べていた際にも、これらの記事には触れていたはずが、六八年のバックナンバーを順に読んでいくと、まるで印象が違った。大宅壮一文庫の検索で、それにまつわる記事を横並びでピックアップするだけでは見えないものがあったのである。それに、「同性愛」「ゲイ」「ホモ」などのインデックスには現れてこない関連記事も多く発見し、だったらいっそ、「平凡パンチ」を創刊号から読み通してみてはどうか？　と思いついた。これが、マイナーな雑誌だったらそんなことはあまり意味がないが、先方は六〇年代を代表する大メジャー誌である。ここには市場の欲望が確実に反映されているわけで、他の雑誌よりもいっそう時代性が写し込まれているに違いない。そうして私は、六四年の創刊号から、「同性愛」や「性」などに関連する記事を追ってみることにしたのだった。

団塊世代男子のバイブル

まず、知らない世代のために「平凡パンチ」がどのような雑誌だったか押さえておくと、先ほども述べたように、これは六〇年代を象徴する男性向けの週刊誌で、現在のマガジンハウス（旧・平凡出版）から出版され絶大な人気を誇った。雑誌のコンセプトの三本柱は「車」「女」「ファッション」といわれ、性や消費に対する大衆の欲望が解放されていく高度成長期の、水先案内人のような役割を担ったといっていいだろう。六六年には発行部数が一〇〇万部をこえ、それはその年の全週刊誌の発行部数の約七％にもなっていたという。「右手に平凡パンチ、左手に朝日ジャーナル」などという言葉が残っているように、当時の若者とその文化に多大な影響を与えた。いわば、団塊世代の男子のバイブルだった。

創刊号（一九六四年五月十一日号）の特集は「鈴鹿グランプリ・レース」で、男の子の車への夢を刺激している。女（セックス）に関しても、早速、「デートにセックスはふくまれる？」という座談会を企画し、色事には一家言ある作家の吉行淳之介を司会に、女優の緑魔子ら若い女性たちの本音を探らせている。まだ「婚前交渉」などということが一般的ではなかった時代性を考えると、これも一つのエロ、男子のための〝抜き〟のための記事だったのかもしれない。同性愛に関する記事はなかったが、女優のロミ・山田が、仕事で一緒になったゲイボーイとの関係についてのコラムを寄稿しているのは、どこか予言的である。

六〇年代前半はこれといって性に関して特別な記事は見出せなかったが、これが六〇年代も後半に入ると、俄然様子が違ってくる。まず、この頃、日本の性のイデオローグになった医学博士、奈良林祥のコラム「SEXさまざま」の連載が六六年にはじまる。

「彼が『パンチ』の連載コラムのなかで、『男の子クン、ごぞんじですかね』の書き出しで繰り返して語ったのは、この『性器的』なさまざまのモノやコトが『性的』には、どういうことを意味しているのか、このことばかりであった。六〇年代の後半は、世界的な規模で政治や経済、文化のいろいろな側面が革命的な変化を遂げた時期だったが、性もまた例外ではなかった。その性の革命はまず、アメリカ文化のなかで起こったが、そのことを日本の大衆に、いち早く知らせたのは奈良林祥と『平凡パンチ』だった」（塩澤幸登『平凡パンチの時代』）

今風にいうならば、セックスというのは単に性器と性器の問題ではなく、男と女のコミュニケーションの問題でもある、という視点で大衆を啓蒙しようとしたのが奈良林であり、それは時代の要請でもあったのだ。六〇年代は大衆が自由を求めた時代といえるが、既存の男女規範が否定されるほど、旧来のコミュニケーションは通用しなくなり、また新たなノウハウが必要とされるようにもなる。そこに生じた性をめぐる若者の不安を、アメリカ帰りの医学博士だった奈良林が、最新とされた性科学の知見とともに埋める役割を担ったといえるかもしれない。

日本では一九五〇年代までは見合い結婚が主流だったが、六〇年代後半になると恋愛結婚が上回り、以後は恋愛が主流となる。つまり、恋愛という新しいコミュニケーションにまだ馴染まない男子に、恋愛とは何か？　性とはどうあるべきか？　という新規の性教育が必要になったのである。以前のように、遊郭などでプロの女性から技術的な手ほどきを受けるだけでは、男女平等の、自由な恋愛関係には対応できなかったのだ。

同性愛は一過性？

「平凡パンチ」六六年七月十八日号は、「問題になった高校生の『性と保健のバイブル』」という記事が掲載され、そこで性教育の是非がレポートされている。ここにも奈良林がコメントを寄せているが、注目すべきは「レズビアン・ラブ志願者も」という項で、女性の同性愛が増えていることについて言及されている点である。「平凡パンチ」はその後も男性同性愛よりも女性同性愛についての記事が目立つのだが、それは男性誌という制約上、どうしても異性愛男性の性的な好奇心に応えようという編集部の意図がはたらいたのではないかと想像する。

性一般が正面から語られるようになったのと同時に、同性愛についてももれなく取り上げられるようになったことは、意味がある。それは異性愛を前提にした男性雑誌においてすら滲み出てくるような規模の欲求だったということだ。

奈良林は、レズビアンについての著作を出すほど同性愛の専門家を自任していた。しかしその理解は、ゲイ解放運動以前の、俗流フロイト主義の範囲に留まるものだったといえる。

「男の子クン、ごぞんじですかね。近ごろなにかと取りざたされるレズビアン（女性同性愛者）というのは、多くの場合、パーソナリティーの面で、ほんとうにおとなになりきれず、とりわけ性的な点が子供っぽい段階で止まっている手合いだ、ということをごぞんじだろうか」（「平凡パンチ」一九六六年五月十八日号）

男性同性愛についても奈良林の論調は変わらない。

「だれもがなにがしかのホモ的要素は持っているはずのものだ、ということである。もっとも、キミが、ふつうに、ゆがまないで育っている男の子クンであるならば、このホモ的エネルギーは、友情だの、フォークソング大会の裏方さんを買って出ることだの、といった非性的活動を通して、転用されるものであって、もはや大きく表面に出ることはない」（「平凡パンチ」一九六六年八月十五日号）

奈良林は同性愛について、それは通常は一過性のもので、正常な発達とともに普通は異性愛に移行するものだが、成長に失敗するとその段階に欲望が固着してしまう、と理解していた。けれど、自身の欲望を未発達なものと断定された当事者には、その言説は抑圧にしかならなかったわけで、一九七〇年代後半のゲイのイデオローグ、大塚隆史も、思春期に奈良林の同性愛に関するコラムに反発を覚えたと語っている。失敗といわれようが、未熟と説明されようが、その欲求は変わらないし、自分にも他人にもどうにも変更できないものだった。奈良林の主張は、解決策もなく、ただそうならないように、正常な発達を促すようにしなければならない、という倫理的な要請を繰り返すだけにしかならなかったのだ。

しかし、性全般に関していうなら、奈良林はセックスを肯定的なものとして喧伝する立場にあったし、さらに「平凡パンチ」という雑誌の果たした役割は、同性愛に関してもその情報を広く知らしめ、当事者をエンパワーメントする効果を発揮したはずである。先の奈良林のコラムが掲載された同じ号でも、ジャーナルのコーナーで、アートシアター新宿文化で上演されたジャン・ジュネの戯曲『囚人たち』を、男優の上半身裸の写真とともに紹介している（演出は三島由紀夫と近しかった堂本正樹）。

〝体制〟への対抗思想として

そもそも六〇年代後半までは、異性愛の若者の性やセックスに対しても世間は否定的だった。性行為どころか、髪の毛を伸ばしたり、異性間で交遊することにすら、大人たちは眉をしかめ、〝不良〟のレッテルを与えた。一九六六年のビートルズ来日に際しては、ロックやエレキギターは不良の象徴とされ、武道館をコンサートで使用することに反対運動までが起き、政治問題としても真面目に語られたほどである。世界的にもまだ若者たちの自由は規制の対象だったのだ。ある意味で、ビートルズの来日は、欲望の解放へのファンファーレであったのだろう。

六七年くらいになると様子が変わってくる。まるで欲望の底が抜けてしまったかのように、若者文化が世の中を席巻しはじめ、都会にはフーテンやヒッピーが登場し、カウンターカルチャーや、大学闘争やベトナム反戦運動も高揚していく。これらは〝世代間闘争〟の意味合いもあった。

カウンターカルチャーとは、六〇年代後半に、アメリカなど先進産業社会の若者たちによって担われたムーブメントで、ベトナム戦争や軍拡、少数者への差別や自然破壊など資本主義社会における非人間性を拒否し、「自然、身体、感性や愛の回復あるいは平等といった価値を文字どおり『いま、ここで』生きようとする。対抗文化の本質は、こうした独自のライフ・スタイル、文化を創造しようとする点にある」（『戦後史大事典』三省堂）。ヒッピーなどは自然回帰の志向を持つ一群であり、そうした思潮のなかで「性革命」も主張された。フリーセックスが自由の象徴であるかのように喧伝され、同性愛もその文脈で肯定されるようにもなる。そうして広がっていった解放運動の沸点が、一九六九年のストーンウォール暴動でもあった。

〝アメリカがくしゃみすると日本が風邪を引く〟ということで、日本でもカウンターカルチャーや、フリーセックスの思想は影響をたちまち増していく。

このあたりから「平凡パンチ」の誌面にも、性的に先進的な記事がいくつも躍るようになる。六七年一月十六日号には、野末陳平の連載対談に、告白的自叙伝『隠花植物群』を出版したばかりの東郷健が登場し、昼は高利貸し、夜はゲイバーのマスターをしている自身について語っている。二月には「禁男の愛を求めるレズビアンの実態」と題した記事が五頁にわたって掲載。これは奈良林祥が上梓した『レズビアン・ラブ』を紹介するもので、女性同性愛を病理として扱う内容ではあるが、同性愛というものの存在を世間に知らしめた効果は小さくない。

五月一日号では、「これがセックスのユートピアだ」とする記事で、スウェーデンの医学博士、ラルス・ウラルスタムの著作『エロチック・マイノリティーズ』について五頁にわたってレポートしている。「同性愛者や露出症の人たちが、ほかの人たちに対してひけ目を感じることなしに、自分の性的欲望をそのままのかたちで満足させていける社会をつくることを、いろんな具体的なアイデアとともに、ウラルスタム博士は書いているのだ」。これはフリーセックスの文脈で同性愛などを肯定する内容で、現在のセクシュアリティをめぐる議論にもほとんど遜色がない、先進的な記事だった。

五月二十二日号には「モノ・セックスモード出現」というグラビアで、ミニスカートをはいた男性モデルをフィーチャーして、新宿のワシントン靴店で行われた長沢節の作品展を紹介している。そして翌月、六月二十六日号には「キミは同性愛（ホモ）をどう思う」という六頁にわたる企画。欧米で人気を博していたモデル、ツイッギーの中性的な魅力を紹介しながら、ここでは「モノ・セックス」について論じている。「同性愛」はむしろ中性的、今風にいえばジェンダーレスという文脈に接続されていて、既存の秩序に対抗する一つの思想的な実践として称揚されている。

「長沢氏の説によると、男たちは自分に都合のよいように、さまざまのワクをつくった。それがファッションにも表われ、女性にはスカートをはかせて行動の自由を奪ったのだという。だから、日本の若い世代の体制側に反対する、自由な思想の表われとして、モノ・セックス・ファッションが生まれたのだ、と長沢氏はいう。人間解放のファッションなのかもしれない。（略）つまり亭主としては、無力な、兵隊としては役にたたない男性像をつくりあげるのが、長沢氏のネライなのだ。そうすれば、つまらない戦争をやめられない体制側に打撃を与えるのが目的だ」（一九六七年六月二十六日号「キミは同性愛（ホモ）をどう思う」）

ここでのキーワードは「解放」ということだ。〝体制〟からの、既存の社会や秩序からの「解放」という思潮のなかで、同性愛や性別越境もまた主張されたのである。ここには、それ以前の〝変態性欲〟という心理学的な範疇とは異なる同性愛認識がある。また三島由紀夫世代の当事者が支えにした、美学的に同性愛を肯定する世界観とも違う思想性があった。

表紙に「ホモの集まる店おしえます」

さらに誌面では、カウンターカルチャー、セックス・レボリューションの流れから、アメリカで同性愛が人権問題となっていることが伝えられている。「いまアメリカでは、ヒッピー族が〈ホモにも社会的地位を〉とか、〈ホモに平和を〉をいったスローガンをたてて、ホモ、レズビアンを社会的に認めさせようと、アメリカ各地で運動している」

ここでいわれているムーブメントは、アメリカのゲイ解放運動の原点とされる「ストーンウォールの反乱」以前のものであるが、日本の大メジャー誌がその動きや、思想の一端にすでに触れていることは注目に値する。これは日本の新聞ジャーナリズムよりもはるかに先を行っていた。当時、ＧＳ（グループサウンズ）ブームのなかで、オックスのメンバーである赤松愛が、スカートをはくなどのファッションで世の中を騒がせたのは有名だが、そのような性別越境的な実践が既存の秩序を攪乱しようとする反体制的な思想と結びつき、カウンターカルチャーに独特の色彩を与えていた。同性愛もそういう文脈のなかで取り沙汰されていたのである。

そうした風潮や思潮の広がりと、時を同じくして新宿二丁目でゲイバーが急増していた現象が、まったく無縁であったとは考えにくい。むしろ、そういう時代の空気のなかで、同性への性的欲求が背中を押されていった結果、それがバーという形でもリアルに具現化されていった、と考えるのが自然だろう。

その後も「平凡パンチ」は同性愛を喧伝していく。富田英三主催の〈第三の性 パーティ〉のニュース（一九六七年四月十日号）、レズビアンの実業家、永山三樹子と野末陳平の対談（一九六七年六月二十六日号）や、オカマが登場する状況劇場の花園神社公演『月笛お仙』義理人情いろはにほへと編」のレビュー（一九六七年九月十八日号）……といった記事などが続く。

そしてその九月十八日号では、奈良林祥のアメリカのレポート「ゆれ動く〝アメリカ〟のセックス」がワイド特集となる。ここでもヒッピー・ムーブメントでのフリーセックスが報告され、「同性愛だとか異性性愛だとかいう区別をいっさい問題にしない」というヒッピーたちの主張が報告される。また、「ホモ同士の結婚を認めよ」という項では、アメリカのゲイ団体の活動を取材し、コロンビア大学にできた当事者サークルを紹介している。「ホモのサークルの団結はかたい。世界的なホモ機構の本部はオランダにあるＩＣＳＥで、アメリカの地下組織もこの機構のもとに統合されている」

平凡パンチ（1967年10月23日号）

翌号（九月二十五日号）では、上野、四谷、六本木のレズビアン・バーに女性記者が潜入したルポ、十月十六日号には「カルーセル麻紀に１００の質問」、そして十月二十三日号には「《ホモ》の集まる店（スナック）おしえます」という記事が掲載される。これは渋谷や六本木のゲイバーを見開きで案内しただけで面白味がない記事なのだが、問題は表紙。なんと「ホモの集まる店おしえます」のタイトルが堂々表紙に掲げられているのだ！　その表紙を見たときのインパクトは凄まじい。六七年という時代状況を考えても、それは圧倒的なアピールをマーケットに及ぼしたはずである。

ちなみに私は、一九九一年にカミングアウト本『プライベート・ゲイ・ライフ』（学陽書房）でデビューし、以降、雑誌にもずいぶん出させてもらった。ネットが普及する前だったため、まだ雑誌メディアのパワーは絶大で、若い男性向けの人気雑誌「Hot-Dog PRESS」や「POPEYE」に小さく取り上げられただけでも、ゲイの読者からの手紙が舞い込み、単行本が書店で動いた。しかし、それら九〇年代のメジャー誌にしても、往時の「平凡パンチ」の部数、圧倒的な影響力とは比べようがないわけで、それより二十年以上前にこのタイトルが刻まれた雑誌を見たときのひとびとの衝撃といったら、想像もできない。

十月三十日号の「キミにもホモの傾向がひそんでいる」という四頁の記事では、サンフランシスコに本部を置く同性愛の当事者団体「マタシーン協会」の活動などがレポートされ、十一月二十日号では「ミニ・スカートを愛用する青年」として同性愛の青年、通称〝ヨーコ〟が野末陳平と対談。十二月（四日号）になるとついに、「ホモ／レズの傾向をチェックしよう」という八頁もの記事が誌面を飾る！「ホモの増加傾向は、世界的な現象だという。本来、人間は、異性を愛する力と同性を愛する力とを、同時にかねそなえているものだ。しかし、青年期に達すると、ふつうは異性愛がまさってくる。その逆が、ホモセクシュアルであり、レズビアンであるのだ」。奈良林祥博士よりもよほど急進的な議論だといえるだろう。

六八年になってもこうした記事は作られ、三月四日号では「SEXチェック」という特集が組まれた。まずは、「レズ族最高のアイドル」という山添のり子なるモデルを追跡取材。次にページをめくると見開きで「丸山明宏のセックス——この神秘的主演女優？の正体は」、さらに「女のコを興奮させる佐良直美——インテリ女性のためのセックス・アイドル」、そして「水前寺清子——ホモ　レズ両用の奇妙な人気」と続く。もうなにがなんだかという感じだが（笑）、同性愛は性別を超える、性別を超えることは既存の秩序を否定し体制に対抗する手段である……というロジックが背景にあったことは明らかだ。こうした編集方針の流れの果てに、本章の冒頭でも紹介した、まるで雑誌全体がゲイ雑誌になったかのごとく十一月四日号の「平凡パンチ」が登場するのである。

六〇年代後半、これだけ性に関して尖った企画を連打した媒体は「平凡パンチ」だけだろうが、同じような時期にライバル誌「週刊プレイボーイ」でも「第3の性 ホモセクシュアリティの美学」(一九六七年四月二十五日号)、「『真夜中のカーボーイ』に描かれた大都会の疎外セックス〝ホモ〟」(同 一九六九年十一月十八日号)などが掲載されている。「週刊プレイボーイ」は「平凡パンチ」よりももう少しマッチョな誌面作りがされているが(連載陣も石原慎太郎など)、それでもカウンターカルチャーの影響は否定できない。あるいは、もっと読者の年齢層が高い「週刊文春」(一九六八年六月二十四日号)でも、「〝万国のホモよ 団結せよ〟」と題して大宅壮一と戸川昌子が対談している。

これは九〇年代初頭の〝ゲイ・ブーム〟といわれたメディア報道以上の影響だったかもしれず、「平凡パンチ」という雑誌を震源にしたムーブメントといえなくもない。メジャーな媒体の宿命で、マーケットからの反応が薄ければ(売れなければ)、こうした企画を続けることは難しかったはずなので、そこに読者(時代)との相互作用があったことは間違いなく、特定の編集長やライターの趣味嗜好が反映したとするだけではすまないのだ。実際、読者による「喫茶室」にはこんな投稿も採用されている。

「倒錯時代といわれる現在、正常と異常の区別さえなく、内外とも空前のホモ・ブーム。

『パンチ』なる聖書を愛読する小生、かたいことはいわない。ホモ道もよし、女のコに血道をあげるもよし。しかし、ここでホモ諸氏に考えてもらいたいのは、両刀たくみに使えないホモ氏は、結婚しないでほしいということだ」（一九六九年二月十日号）

ストーンウォール事件を報じる

「平凡パンチ」の〝ホモ・ブーム〟は六〇年代末にピークを迎えるが、六九年十一月十日号に、「バクハツ寸前！　狂ったニューヨーク」という企画が組まれる。この号は現地取材を中心としたニューヨーク特集なのだが、ここに驚くべき報道が盛り込まれている。特集1「ニューヨークの公衆便所でホモたちは何をしているのか」。タイトルこそ奇をてらったものだが、これはニューヨークのゲイ・シーンをルポしたもので、なんと「ストーンウォール事件」が報告されているのである！

「最近ニューヨークのグリニッジ・ビレジで、ホモのメッカといわれているゲイバー『ストーンウォール』が、何者かの手によって爆破されてしまった。この爆破事件が起こると、ナルシストのホモ・グループは、危機感を感じて、ホモ革命がなくては、セックスの自由が奪われると、ホモの過激派を集めて〝ゲイ解放戦線〟をつくった」

事実は爆破されたのではなく、警察の手入れに対してゲイやドラァグクィーンが抵抗して暴動になったのだが、事件後間もない「平凡パンチ」の取材時には、情報も確定していなかったのだろう。しかしそれをしっかりキャッチしていたことに、この雑誌の恐るべき慧眼を感じざるを得ない。

ストーンウォール事件は、アメリカのゲイ解放運動の起点とされる暴動で、これ以前と以後とは同性愛の運動が大きな変化を遂げる歴史的、記念碑的な出来事であったが、これを日本のメディアで取材、報道したところはない。大手メディアでは唯一、読売新聞が一年後のAFPの配信において、小さく触れている。

「数千人のホモとレスビアンたちが二十八日、ニューヨーク市内に集まり〝一般人との差別〟に抗議してグリニッチビレッジからセントラルパークに向けて三キロばかりの平和デモをした。

最近ニューヨーク警察がグリニッチビレッジにあるゲイ・バーでホモ狩りをやり、どんどん起訴しているのに抗議したもので、まさに平和デモには違いなかったが、この数をたのんだ異様な大集団にニューヨークッ子は、どぎもを抜かれた」（一九七〇年六月三十日）

タイトルには「デモはデモでも……」と揶揄が込められていたが、現在、ＬＧＢＴの人権報道に熱心な朝日や毎日新聞などは、ストーンウォール事件について一切報道していない。事件から約半世紀が過ぎ、ジャーナリズムを標榜していた新聞メディアと比べてみたときに、むしろ「平凡パンチ」の報道姿勢こそ、真にジャーナリズムの名に値することは間違いない。ニューヨークにも支局を置いているはずの日本の大新聞は当時、変態のホモのことなんて取り上げる価値もないと目にも入っていなかったのだ。

新宿そのものが解放区

一九七一年に同性愛者やマイノリティの解放を掲げ参議院議員選挙に出馬することになる東郷健は、それまでの〝オカマ〟としての自分の苦しさが、差別問題として社会に接続できたことで、その不条理を世に問うことを思い立った。それには年下の恋人が全共闘運動に身を投じたことが大きく影響しているという。

「あの六〇年代後半の学生運動は、自己批判というすばらしいことばが示したとおり、階級意識を根底から否定し、人間の平等に新たな光を投げかけるものであった。彼らの目的としていることは『日陰者』という言葉を受け入れながら、その重苦しさをひきずって生活しているわたしとも密接な関係のある事がらだとわかったのだ」（東郷健『常識を越えて』）

七〇年代後半に、ラジオを通じてゲイリブのメッセージを全国に送った大塚隆史は、高校時代に『同性愛の急増』（『The Homosexual Explosion』）という洋書を書店で手に入れ、アメリカのゲイ解放運動の動向に触れた。

「当時は、ゲイリブの出発点となった有名なストーンウォール事件（一九六九年にグリニッジヴィレッジのゲイバーで起きた、ゲイと警官の大衝突）もまだ起こっておらず、まだゲイリブということばさえない、いわばゲイリブ前史時代だった。ゲイリブはストーンウォール事件をきっかけに突然現れたワケではなく、当然そのパワーを育んできた前段階の組織があったのだが、それが『マタシン・ソサエティ』に代表される同性愛者のための親睦団体だったのだ」（大塚隆史『二丁目からウロコ』）

先の「平凡パンチ」の記事にも出てきた団体（そちらでの表記はマタシーン協会）の存在を、彼は十代にしてすでに知っていた。そのときにはゲイリブの議論を咀嚼できなかったかもしれないが、早熟な高校生は確実に来たるべき時代の波濤に触れていた。

その後、美術大学を卒業した大塚は、七五年に渡米して、現地のアートを学び、ゲイリブの空気を吸収してくる。それはまた直接、間接に本場のカウンターカルチャーやセックス・レボリューションの洗礼を受けたともいえる。特異な才人でもあるが、団塊の世代の彼は、新しい時代文化のエッセンスを養分に育った〝時代の申し子〟でもあったのだろう。

六〇年代という時代から東郷や大塚が受けたものは濃淡の差こそあれ、その社会状況を生きた性的マイノリティ、とくに若者世代には少なからず作用しただろうし、むしろその影響を免れることは難しかったはずだ。現在のように人権問題として自身の同性愛を肯定できたのではないにしても、あるいは、すぐに自身のセクシュアリティを受け入れることはできなかったとしても、性をめぐる旧来の規範が緩んだことで、それまで抑圧していた欲望のストッパーが外れた者は少なからずいたと推察される。性愛という欲求は大方、他者を求めずにはいられない。一度、禁忌の心持ちに小さな穴が開けば、自己肯定はできないまでも、本当に欲しいものへと手足は勝手に動きはじめる。そしてその欲望の増大が、新宿二丁目に〝ホモ系ゲイバー〟を急増させるのに足るエコノミーを可能にした。

男性同性愛者などの欲望の顕在化と、新宿二丁目という街が六〇年代後半にシンクロしたのである。それは偶然の邂逅でもあったし、必然の結果でもあった。かつて色街として栄えた二丁目は、一九五八年の売春防止法以降、トルコやヌードスタジオなどができたとはいえ、風俗街、繁華街として以前ほどには振るわず、歌舞伎町などに客足も奪われ、零落する一方だった。街には経済的に再浮上するための「何か」が必要だったはずである。またそれには新宿という街そのものの磁場も強くはたらいた。

六〇年代後半、政治の季節の到来で、新宿そのものがある種の解放区になっていた。アートシアター新宿文化の創設者、葛井欣士郎の『アートシアター新宿文化 消えた劇場』にこんな一節が紹介されている。

「新宿というと若者たちにとって何をしてもいいという解放感がある。警官隊に追い払われた場合、あの横丁を曲がれば行きつけの喫茶店があり、そこへ逃げこめば何とかなるという安堵感もある。（略）銀座にも池袋にもない解放感で、しかも学生の知的欲望を満足させるような雰囲気が新宿の街にはあったのだ」（新宿騒乱裁判資料より）

アナーキーを具現化した新宿は、居場所が見つからなかった同性愛者らにも親近感を与えただろう。二丁目と三丁目が隣接する「要町」と呼ばれたエリアには、すでに一九五〇年代後半から小さなゲイバー街が形成されていたが、その辺りは六〇年代の風に沸き立ち、新宿のカウンターカルチャーの渦の中心になった。「要町」は時代の風潮と、ゲイカルチャーが共振するような空間として、いってみれば此岸と彼岸の境界に当たる。そこを間口とするかのように、それまで自分の内側とハッテン場の暗がりに隠れていた男性同性愛者などが、満たされぬ欲求を抱えて多数やって来る。時代の風に背中を押され、恐る恐る。そしてその膨張していくばかりの欲望は、三丁目や「要町」を超え、旧赤線・青線地区の二丁目にも溢れ出していく。

現・二丁目一帯も、彼らにとって都合の良い立地だった。まだ自身を肯定するのがおぼつかない当事者にとっては、新宿駅周辺の繁華から遠く、「要町」よりも輝度が低い二丁目は、絶好の隠れ家になった。そのエリアは四方を大きな道路によって囲まれていることで、隔絶された独立国、あるいはゲットーのようにも錯覚できただろう。

また、そこに以前から住んでいた住人の気質は、およそ排他的ではなく、元々よそ者たちによって作られた街でもあったことからも、摩擦が生じることを相当回避できた。もしかしたら、往時この街が売買春によって成り立っていたことの引け目も、奇態な来訪者たちを拒絶するのを思い止まらせたのかもしれない。

一方で、被差別感やうしろめたさを抱えていた男性同性愛者らが、自らの行動を抑制的にしたことも功を奏したかもしれない。数十年をかけて、住民や既得権者を少しずつ慣らしていったことは、意図しなかった戦術的な成功だろう。

ゲイバーの潜在的な顧客を湛えた権田原など新宿周辺のハッテン場は、二丁目に新しい客を備給することが可能だったし、その相乗効果によってさらに新宿にゲイたちは集まって来た。おかげで、ゲイバーと顧客の需給関係はしばらくは需要が過多で推移し、店舗数を急増させることを容易にした。

このようにして新宿二丁目では六〇年代後半、主としてホモ系ゲイバーが急増し、ゲイバー街としての礎を確立する。

もちろん、そこには蘭屋の前田光安が企図したゲイバー組合や、彼が店舗を増やすために行った試みも影響しただろうし、他のひとびとによる個人的な営みも作用したはずだ。さらには、七〇年代初頭からは男性同性愛者のビルオーナーも現れて、積極的にゲイバーを増やすビジネスも展開されるようにもなる。それはまた本書のあとに書かれるストーリーになる。

けれど、現在のようなゲイバー街の骨格が六〇年代末にはできていたことを鑑みると、街という水準での劇的な変容を可能にしたのは、やはり〝時代の欲望〟に関わる力だろう。特定系列のバーの進出や、数店舗のゲイバーの移植（例えば千鳥街の移転）などでは、街の土台を作り替えるほどのエネルギーは望めないからである。

砂川秀樹の研究が重要なのは、その解読に都市論を接続したことで、そのことによって蒙を啓かれた私は今回、二丁目の形成と時代の欲望との関係を考察するにいたった。住宅地図の精査と、雑誌の記事や証言などの確認だけでは、よしんばどのように街が形成されたのかを記述することができたとしても、なぜという問いには答えられない。そのなぜという部分に関しては、時代背景などのさらなる分析が求められることはいうまでもないだろう。

ここまで記してきたように、二丁目という空間が、男性同性愛者を中心とする性的マイノリティの群を呼び込んだのは、これまで挙げてきたようなさまざま要因が、偶然にも重なった結果だと考えられる。街の歴史性や、そもそも備えていた気風や空間的な条件、時代に後押しされた同性愛などの欲望の顕現。それらが奇跡的にシンクロして形づくられたのが、現在の新宿二丁目、私たちがいうところの〝二丁目〟なのである。

SNS、アプリに移行する出会いの場

六〇年代末にゲイバー街が形成された新宿二丁目は、その後も、ゲイバーの軒数を増やし、世間一般にゲイが集まる街として認知されていく。ひとたび男性同性愛者が集まりはじめると、あとは、誕生した惑星が周囲のチリやガスを重力で巻き込みながら膨張するように、男性同性愛の欲望は異性愛男性のための風俗を急速に凌駕していった。

八〇年代の半ばにはレズビアン向けのバーも現れ、現在ではおよそ一五軒くらいの数になっている。そして女装系のゲイバーが十数軒。割合としては圧倒的に〝ホモ系ゲイバー〟が多いが、男性同性愛者以外も入れる〝ミックスバー〟や、一般客を相手とする〝観光バー〟なども増え、街の客層は多様化していく。また、近年は〝外専バー〟に欧米系のゲイが集まるばかりでなく、アジア諸国のゲイ客などの姿も目立ち、韓国系や中

国系のバーも存在している。日本人ばかりでなく諸外国からの訪問客も観光に訪れる街となっているのだ。週末などは仲通りに英語や中国語、スペイン語などが飛び交い、いったいここはどこの国か？　と戸惑うほどである。

現在、そうしたLGBT関係のバーが四〇〇軒以上、この広いとはいえないエリアに集まっている。

二〇〇〇年に新宿二丁目振興会によって催された「東京レインボー祭り」は、それ以降も継続開催されていて、夏の風物詩として定着。野郎神輿が出たり、エイサーなどのパフォーマンスがあったり、〝ママ〟を標的にする名物のパイ投げがあったり……と、この日ばかりは陽が高いうちから多くの来客を集める。主催団体は、加盟店の親睦を深めるだけでなく、二丁目全体を盛り上げようと、この祭りに力を注いでいるのだろう。

その背景には、同性愛者の〝出会いの場〟がSNSやスマホの出会い系アプリに移行し、こうしたバーの経営が容易ではなくなってきた危機感もあるはずだ。

ゲイバーなどと、地元の人々との関係も少しずつではあるが変化してきている。その動きの中心となっている一人がフタミ商事の二村孝光氏である。彼は妻子のいるストレート（異性愛者）の男性で、祖父母がはじめた不動産業を継いで、現在、この街の店舗物件を数多く手がけている。ストレートの男性にしては珍しいが、二丁目にゲイバーが多いことをむしろ肯定的にとらえているという。

「二丁目って新宿のなかでそんなに立地がいいわけではなくて、飲みに行くのだって、利便性を考えたら駅前とか三丁目のほうがずっといい。それでもひとがわざわざ二丁目に来るのは、やはりゲイバーがあるからだと思うんです」

孝光氏は一九八〇年にこの街で生まれた、生粋の〝二丁目っ子〟であるが、もっと若い頃はそのことに必ずしもいい感情は抱いていなかった。

「自分は小学校から離れた私立の学校へ通っていたんですが、だんだん大きくなって、自分のいる街がどんなところかわかって来ると、同級生を家に呼ぶのが恥ずかしくなってしまった。遊びに来た友だちが女装のひとにからかわれたり、自分自身もいたずらされそうになったことがあったんです」

歌舞伎町などに比べて治安が良いといわれる二丁目であるが、孝光氏は中学生の頃、二人組の男らに追いかけられて怖い目にも遭ったという。ほどなく二丁目外に引っ越したこともあって、以来、近所なのに親の仕事場がある二丁目にはあまり近寄らなかった。

けれど大学卒業後、就職した会社の同僚から二丁目の案内を頼まれたことで、この街に顔が利くと重宝されることに気づいた。

　そして家業を継ぐことになってからは、

二村孝光氏

「ベテランの不動産屋には普通にやっていては叶わないし、自分は二丁目の不動産屋兼街づくり会社でやっていこうと思った」

　孝光氏は、いろんなひとたちに出会うなかで、ゲイであろうがなかろうが、それは人間の価値とは別だということを理解できるようになったと振り返る。二丁目のバーのひとたちと実際に付き合っていくうちに性的マイノリティへの嫌悪も少しずつなくなって、この街とひとびとへの愛着を深めていった。だから自身のところで店舗を貸す場合は、「二丁目でバーをやりたい！」という街へのこだわりのあるクライアントを優先している、と語る。

二丁目の新しい試み

現在、二丁目の店舗物件は人気で、空き物件が出てもすぐに埋まってしまうのが常態である。ただ、家賃が月に二十万円台の後半になると、ゲイを相手にするだけのバーだと厳しい場合が多い印象だとも、孝光氏は指摘する。

私も、自分でバーを経営しているので実感するが、〝出会い〟の場の中心がネットに移行して、ゲイがこの街へ来る動機がかつてのようにはないのは明らかだし、キャバクラなどにお金を落とす異性愛男性に比べて、男性同性愛者は客単価が高いわけではないので（異性愛男性と違って、コストをかけなくてもセックスが容易に手に入るため）、二十万円台後半の家賃でやっていくのは、よほど商売上手な経営者でないと難しい。とすると、どうしてもゲイ以外、ノンケ（異性愛者）の男女を入れる観光バー的な商売にならざるを得ないが、彼らが入って来ることによって、反対にゲイ客はその店に来づらくなってしまう。また、ゲイがいないゲイバーはノンケにとっても〝観光〟する意味がなくなり、そうなると結局、店は立ち行かない。そういうジレンマに昨今のゲイバーは置かれている。

孝光氏はまた、すでに老朽化しているビルが多いことも懸念する。

「やっぱり、ビルのオーナーが変わってしまうと、将来、ゲイバー街でなくなってしまう可能性もある」

フタミ商事にも一時、外国系資本からの問い合わせが多かったとのことで、地権者の考え方によっては街の性格自体が変わってしまうことはありうる、と。たしかに、赤線・青線の色街からあっという間にゲイバー街へと変貌したことを考えると、条件が変われば、街はいかようにもその姿を変えるだろう。

そんな懸念材料を抱えつつ、孝光氏は、家業ばかりでなく、新しい街づくりのために日々奔走している。ゴミ拾いのボランティア、「二丁目海さくら」の活動もその一つだ。

昨今、ゴミ問題はどの街にとっても重要な課題である。飲みに来るだけでは気づかないが、毎日、飲食店などから吐き出される廃棄物の量に二丁目も圧倒されている。かつて孝光氏の祖父は一人リヤカーでゴミをもくもくと片付けていたというが、それを町会や商店会に任せてばかりでなく、この街に関わるみんなでやろうと、「二丁目海さくら」は呼びかけている。


「朝のゴミ回収にもかかわらず、昼頃からゴミが出され始め、ゴミの上にはさらにゴミが投げ捨てられる。

そして、分別どころか粗大ごみまでも所定の手続きなく放置される。

毎年5月末のお祭りでは、ゴミ山の間を子供の山車と御神輿が進んでいく……

これが、新宿二丁目の現状です。

（略）新宿二丁目を愛する気持ちは、一人ひとり少なからず持っているはず。新宿二丁目が世界一のゲイタウンとして今後も発展していくためにも、海さくらのモットーである『日本一楽しいゴミ拾い』を通して、『世界一きれいな繁華街』を目指します。

そして、私たちの活動が未来の子供たちに誇れるものになれば嬉しいです」（「二丁目海さくら」HPから孝光氏の言葉）

「二丁目海さくら」のポスターには、「私たちが暮らすこの街　新宿二丁目をきれいにしよう」というコピーが掲げられているが、「私たちが暮らすこの街」というのはなかなかいい得て妙である。ここに〝二丁目〟という街の性格が現れているからだ。近年「サード・プレイス」という言葉がいわれるが、それは自宅でも、職場や学校でもない第三の帰属空間という意味で、現代人にとってはそういう場所がリラックスのために、そして自分自身を取り戻すためには必要だとされる。ましてや、ＬＧＢＴのようなマイノリティにとっては、地縁・血縁や、経済的な利害を共有する関係とは別に、〝出会い〟を得たり親密な人間関係を築くことができる、広い意味での〝コミュニティ〟が切実に求められてきた。実際、二丁目は、彼らにとって単なる「繁華街」ではなく、まさに一つの「暮らし」、換言すると「生きること」を共有する場でもあり続けた。

「二丁目海さくら」の月に一度の活動には、けっこうな数のボランティアが参加している。昼間の商売の方も、夜の商売の方もいるし、バーのお客さんたちもいる。意外に、クラブで遊んでいるようなおしゃれな男子が多いことにも驚かされる。そこに居住していなくても二丁目を愛する人間は少なくないのだ。孝光氏らは、積極的に昼の住人と夜の住人を結びつけることで、この街を新しい〝コミュニティ〟へと進化させようとしているようにも見える。

繁華街であり、住宅地であり、商業地であり、コミュニティ

そうした点では、二丁目で久しく活動するコミュニティセンター、aktaの存在も忘れてはならない。

ここは厚生労働省委託事業（〈公財〉エイズ予防財団受託）で特定非営利活動法人aktaが運営している二丁目の情報センター&フリースペースで、HIV／AIDSの予防啓発や支援を目的に活動している。とりわけデリバリーボーイズの活動はユニークで、週末、提携しているゲイバーにHIVの予防啓発のメッセージを込めたコンドームなどを配布していて、そこに集って来るひとびとのセーファーセックスへの意識を高めようと試みている。また、配布先のバーとの交流によって街の情報を吸収し、それをまた活動に役立てている。そうしたボランティア活動は、（おもにLGBTの）孤立しがちな若者たちの友だち作りの場にもなっているようだ。

「お揃いのツナギを着て、二丁目のバーやクラブにコンドームを始めとした予防と陽性者支援のさまざまなメッセージを配布しています。

東京中にセックスと健康のアイディアを溢れさせるというプロジェクトです。活動後はみんなでご飯を食べに行ったりと、和気あいあいとした雰囲気で活動しています。

みんなで一緒にデリバリーしませんか？　ボランティアなので気軽に参加してください！（ａｋｔａ　ＨＰより）

ＬＧＢＴのコミュニティにハードルの高さを感じている初心者には、そうした活動が、二丁目などへのアクセスの橋渡しの役割も果たしているのだ。

また、ａｋｔａのなかに置かれたフリースペースは、誰でも気軽に立ち寄れるようになっていて、まさに「サード・プレイス」の役割も担っている。バーと異なり料金を支払わずに利用できるところに意味があるし、昨今では、若いひとばかりでなく、外国人や中高年にとってもふらりと立ち寄れる場にもなっているようだ。もしかしたらこれから「居場所」を切実に必要とするのは、むしろ上の世代なのかもしれない。とくに家族を持たなかった高齢シングルにとっては、〝孤立〟〝孤独〟の問題は深刻さを増すばかりだろう。今後、そのような需要に応える空間としても二丁目がありえたら、それは意義深いことかもしれない。

このように、二丁目は現在、繁華街でもあり、住宅地でもあり、商業地でもあり、さまざまな思いを抱えてやって来るひとびとの〝コミュニティ〟にもなっている。それを〝ゲイタウン〟と一言でいうのはもはや適切でないだろう。また実態的にも元々その言葉はふさわしくなかった。これまでの歴史性によって、ここに導かれたひとびとに必要とされてきたのが〝二丁目〟であり、この街に〝生きる〟という意味は、居住していたり、商売を営んでいたりすることに限らない。街との邂逅のなかで人生の何がしかの価値を見出すこと。そしてそんな経験を可能にする、開かれた気風こそが、新宿二丁目が真に誇っていいものだと思う。

夏目漱石のクィア性

新宿二丁目に位置する太宗寺は、内藤新宿を作った内藤氏の菩提寺として長くこの街の変遷を見守ってきた。

この寺は、かの文豪、夏目漱石が幼少のみぎりに境内で遊んでいたことでも知られる。漱石は長じて名作『こころ』を書いた。主人公の「私」と、「私」が私淑する「先生」

の心の交流の物語である。どうして「私」が「先生」に惹かれるのか、なぜ先生が自死にまでいたるのか、そこに「同性愛」という解でも導入しなければどうにも腑に落ちない、謎めいた作品である。

実際、作品のなかで、「先生」と主人公の「私」が、二人の関係について意味深なことを語っているシーンがある。

「先生」はいう。

【筆者注・自分への主人公からの好意は】「恋に上る階段なんです。異性と抱き合う順序として、まず同性の私の所へ動いて来たのです」

「私には二つのものが全く性質を異にしているように思われます」

「いや同じです。私は男としてどうしてもあなたに満足を与えられない人間なのです。それから、ある特別の事情があって、猶更あなたに満足を与えられないでいるのです。私は実際御気の毒に思っています。あなたが私から余所へ動いて行くのは仕方がない。私は寧ろそれを希望しているのです。然し……」

私は変に悲しくなった。

「私が先生から離れて行くように御思いになれば仕方がありませんが、私はそんな気の起った事はまだありません」

この箇所だけ切り取れば、「先生」が指摘するように「私」の気持ちは恋としか思われないし、現在だったら素直に、これをある種の恋愛関係だと理解することもできる。

近年ではそうした文脈でのリーディングもされるようになってきたが、もしかしたら漱石には少々性的指向や性自認において〝ストレート〟とはいい難い傾向があったのかもしれない。岡田尊司著『働く人のための精神医学』には、「夏目漱石は、妻鏡子の回想録によれば、女装を楽しむところがあった。その背景として、漱石の不安定な養育環境の影響が指摘できるだろう」とある。作家の中村うさぎは、小説『虞美人草』に描かれる女性像が、あまりにもゲイが好みがちな〝ビッチな性格〟に重なることに驚く、と語る。はたして漱石の内側には、今日のゲイカルチャーに通じる何かがあったのだろうか。

そんな謎めいた作家に縁のある寺が、新宿二丁目の中心にあるというのもなかなか感慨深い。

多様性の間合い

そして謎めいているといえば、この太宗寺からは、戦後、切支丹灯籠が出土している。それは、織部灯籠の全体が十字架を表し、竿部にはマリア像が彫られているのではないかともいわれていて、ここは江戸時代、幕府の弾圧から隠れてキリシタンたちが拝礼した寺だったのではないか、という説もあるそうだ。そんな異端者をも受け入れた寺が二丁目の礎になっていたとしたら、これもなんともこの街らしいではないか。

太宗寺では毎年七月に盆踊りが催される。主催は新宿二丁目町会だが、そこにはいろんな人々が参加する。住民の方々はもとより、ゲイバーに来たお客さんたち、会社帰りのサラリーマン、外国からの観光客、テキ屋の屋台……そんな雑多なひとたちが集い、おのおのに楽しむ。夕暮れになると櫓太鼓が鳴り響き、子供たちは走り回り、ご高齢の会の方々はテントの下で茶飲み話に花を咲かせ、浴衣のご婦人たちが音頭に舞う。飾られた提灯には二丁目の商店の名前が連なり、なかにはゲイバーやレズビアンバーの店名のものもあって、そこにはなにもかもがごった煮のように同居している。

ただ、見知らぬもの同士があえて仲良く手を取り合うわけでも、とりたてて親しく振舞う様子でもない。どちらかというと、お互いが邪魔にならないように勝手に楽しんでいて、ゲイカップルがイチャイチャしていても地元の老人会のひとたちが疎む様子もなければ、浴衣の女装の方が笑顔を振りまいていても、周囲がとりたてて驚く様子もない。でも、櫓太鼓の拍子が皆を繋ぎ、音頭の歌声がその距離を埋めている。

そんなありようを観ていて、ふと、これが〝多様性〟というもののいちばん美しい間合いなんじゃないか、と思った。無理に近しくなることもないし、かといって毛嫌いすることもない。同期したいときには、そこに流れるビートに自分を接続すればいいし、聞き流すのも勝手だ。そんな絶妙な距離感こそ、よそ者たちがたどり着く街が長い時間をかけ、その経験によって培ってきた知恵なのかもしれない。新宿二丁目の地層に埋め込まれてきた歴史性は、そんな祭りの空気にも現れている。

今回、私は新宿二丁目の「入門書」を書こうと、この街を二十年ぶりに取材したり、新たな資料に当たったりした。かつてこの街のゲイバーの歴史について書いた自分には、「入門書」を書く資格があるという自負から出発したのであるが、その思い込みはすぐに打ち砕かれた。九〇年代には、私は新宿二丁目のことを安直に〝ゲイタウン〟だといい切っていたが、それは一つの性格にすぎず、二丁目はもっと複雑な歴史性と、多様なひとたちの営みの上に成り立っている街であった。だから本書では安易に〝ゲイタウン〟という表現は用いないように心がけた。若いときには自分自身の狭い視野のなかからしか物事が見えないものだが、現在の私にはゲイ以外のひとびとの姿を捉えることができるし、それぞれにとってのそれぞれの二丁目があることを実感できる。そのことを深く教えてくれたのは、私の取材に応じてくれた住人の皆さんや、ここで商売を営むひとびとであった。改めてお礼を申し上げたい。

本書は「どうして二丁目にゲイバー街が生まれたのか？」という視点に貫かれていて、おもに一九六〇年代後半の成立時に焦点を当てている。それ以降の一九七〇、八〇、九〇、二〇〇〇年代……の流れについては今後さらに追ってみたい。そのような理由と制約のため、レズビアンバーや〝女装系ゲイバー〟についてはほとんど言及がない。こちらについても別の機会に改めて書き加えるつもりだ。そう、二丁目という街の謎解きはまだはじまったばかりで、そんな簡単にわかった気になれるほどこの街の奥行きは浅くはないのだ。今回この本に収められなかった知見も少なからずあり、またゲイバー街の黎明期以後の歴史についても書き遺すべきことがたくさんあるので、私の二丁目研究は今後も継続していくことになるだろう。本書の出版によって事実誤認も発覚するはずだし、また新たな情報にも接することができると予想するので、そうしたことどもも加味して、次回はもっと本格的な一冊を著わすことができたらと考えている。情報提供などいただける方は是非ともご連絡をいただきたい。

最後に、本書の骨子は、二〇一〇年に亡くなったイプセンの店主で、劇作家の松浦貞夫氏への取材を元にしていて、その記憶がことごとく正確だったことに助けられた。故人に改めて感謝を伝えたい。

取材の過程でバー、アイランドのマスター、シマさんとらくさん、A Day In The Life のこうきさん、伊藤菜子さんには具体的な作業でずいぶん助けられた。また山田歌子さんはじめ二丁目の住民の皆様のご協力がなかったら、本書は形にならなかったとここに記しておきたい。心より御礼申し上げる。担当者の松倉裕子さんには資料の収集や調査で大いに助けられ、その献身にお礼の言葉もない。新潮社の蓄積と〝ブランド力〟が取材の上で効力を発したことは間違いなく、あまり縁のなかったこの出版社との出会いがあったからこそ、本書は形になったともいえる。

思えば、新宿二丁目について書こうと思ったのはデビュー作を上梓した直後で、一九九二年に第二作目として学陽書房で単行本の企画を通していただき、印税の前借りで取材を開始した。まずは引退していたイプセンの松浦貞夫氏を探し当て、他にも老舗のバーなどの取材をかなりしたにもかかわらず、私の力量不足で一冊にまとめることができなかった。次に、一九九七年に、ゲイ雑誌「バディ」で平井孝や小倉東、西野浩司の各氏の協力で「ゲイの考古学」として連載をさせてもらった。こちらも単行本には実らず、拙著『ゲイという〔経験〕』の一章として収録するにとどまった。というわけで、今度が三度目の正直で、『新宿二丁目』というタイトルでついに作品化することが叶った。

東京レインボー祭りのおみこし（2018年）

書き終えてみて、やはり、こうした本にするにはそれだけの時間が必要だったし、私自身が二丁目という場所でバー業を営む経験も不可欠だったと振り返る。ゲイバー業の苦労や実体験、二丁目におけるリアルな人脈を通じて見えてくるものが実に多かったからである。四半世紀以上の長きにわたる取材期間に多くの方々からご指導を賜った。柴谷篤弘、藤田龍、川口昭美、クロちゃん、やなぎさんの各氏（故人）。黎明期のゲイバーについてご教授いただいた吉野ママ。仁科勝、南定四郎、大塚隆史、マサキ、福島光生、中田たか志、長谷川博史、げんき、神名龍子、ehAkoの山本さん、轟英、洋ちゃん……氏ほか、お名前を挙げきれないほどの先輩諸氏。また橋爪大三郎先生が私を東京工業大学のゼミに混ぜてくださった経験も、本書に多くの養分を与えてくれた。ありがとうございました。

最後に、情報の収集や議論において、長年の〝連れ合い〟に多くを助けられた。自分の本に彼が関わるのは、デビュー作『プライベート・ゲイ・ライフ』以来四半世紀ぶりだったが、本書は実質的には二人の共著といっていい。その共同作業はとにかく興奮の連続で、互いが新しい発見を持ち寄り、隠されていた事実の点と点が繋がる度に声をあげた。それは非常に刺激的な経験であり、充実した毎日だった。心よりのありがとう！　を彼に。

参考文献

岡上哲夫『新宿路地裏わかれ道』（千人社）
砂川秀樹『新宿二丁目の文化人類学』（太郎次郎社エディタス）
「犯罪科学」（一九三一年八月）
「風俗草紙」（昭和二十八年十二月、昭和二十八年七月、昭和二十九年一月）
伏見憲明『ゲイという〔経験〕』（ポット出版）、『百年の憂鬱』（ポット出版）
安智史「書簡にみる二人の交流」他（前橋文学館特別企画展『パノラマ・ジオラマ・グロテスク——江戸川乱歩と萩原朔太郎』図録）
前橋文学館報第44号
柿沼瑛子ほか『耽美小説・ゲイ文学　ブックガイド』（白夜書房）
川口晴美編『詩の向こうで、僕らはそっと手をつなぐ。』（ふらんす堂）
江戸川乱歩『孤島の鬼』（創元推理文庫）
立野信之『青春物語　その時代と人間像』（河出書房新社）
田辺茂一『わが町・新宿』（紀伊國屋書店）
三島由紀夫『禁色』（新潮文庫）、『仮面の告白』（新潮文庫）
瀬川昌久・柴田浩一『日本のジャズは横浜から始まった』（吉田衛記念館）
吉田衛『横浜ジャズ物語』（神奈川新聞社）
『別冊1億人の昭和史　日本のジャズ』（毎日新聞社）
野口伊織ほか『吉祥寺JAZZ物語』（日本テレビ）
斉藤徹『吉祥寺が「いま一番住みたい街」になった理由』（ぶんしん出版）
「ジャズ批評」（一九七二年六月）
「MLMW」（砦出版）「ブランスウィックとその時代」（一九七七年七月創刊　隔月発行で一号から四号に掲載）
美輪明宏『紫の履歴書』（水書坊）

野坂昭如『エロトピア②』（文春文庫）
堂本正樹『回想　回転扉の三島由紀夫』（文春新書）
野地秩嘉『日本のおかま第一号』（メディアファクトリー）
青江のママ『地獄へ行こか　青江へ行こうか』（ぴいぷる社）
平井玄『愛と憎しみの新宿』（ちくま新書）
勝田三良監修・河村茂著『新宿・街づくり物語』（鹿島出版会）
戸沼幸市ほか『新宿学』（紀伊國屋書店）
新宿区地域女性史編纂委員会編『新宿　女たちの十字路』（ドメス出版）
佐藤洋一ほか『地図物語　あの日の新宿』（ぶよう堂）
渡辺英綱『新宿ゴールデン街物語』（講談社＋α文庫）
深作光貞『新宿　考現学』（角川書店）
東郷健ほか『東郷健の突撃対談』（幸洋出版）
野村敏雄『新宿裏町三代記』（青蛙房）
松沢呉一『闇の女たち』（新潮文庫）
五木寛之『青春の門　自立篇』（講談社文庫）
赤岩州五『新宿・渋谷・原宿　盛り場の歴史散歩地図』（草思社）
本庄慧一郎『新宿今昔ものがたり』（東京新聞出版部）
新宿区民俗調査会『新宿区の民俗　⑶新宿地区篇』（新宿区立新宿歴史博物館）
宮﨑義敬『繚乱の人』（展望社）
新宿二丁目町会『町会のあゆみ』
稲葉佳子・青池憲司『台湾人の歌舞伎町』（紀伊國屋書店）
田遠・博士論文「終戦直後における中国人留学生の境遇と選択：１９４５〜１９５２」（神奈川大学大学院）
井上章一・三橋順子編『性欲の研究　東京のエロ地理編』（平凡社）　古川誠「田村泰次郎の新宿――戦前と戦後、ふたつの新宿をめぐって」
乙羽信子『どろんこ半生記』（朝日文庫）
田村泰次郎「二丁目新景」
「薔薇族」（一九九七年二月）
木村勝美『新宿歌舞伎町物語』（潮出版社）
溝口敦『歌舞伎町・ヤバさの真相』（文春新書）
日経 XTECH
（https://tech.nikkeibp.co.jp/kn/article/knp/news/20140701/669210/）
SCHECHYER「JUDY GARLAND The Day-by-Day Chronicle of a Legend」（TAYLOR TRADE）
三橋順子『女装と日本人』（講談社現代新書）、『新宿「性なる街」の歴史地理』（朝日新聞出版）
富田英三『ゲイ』（東京書房）
下川耿史『極楽商売』（筑摩書房）
広岡敬一『トルコロジー』（晩聲社）
兼松佐知子『閉じられた履歴書』（朝日新聞社）
木村聡『消えた赤線放浪記』（ミリオン出版）
戸板康二『あの人この人　昭和人物誌』（文春文庫）
現代風俗研究会編『現代遺跡・現代風俗'91』（リブロポート）
南定四郎『同性愛を生きる』（TYPISA RECORD）
新宿区／日本住宅地図出版株式会社編／日本住宅地図出版
黒野利昭を偲ぶ会『ありがとう　さようなら』
大塚隆史『二丁目からウロコ』（翔泳社）
葛井欣士郎『消えた劇場　アートシアター新宿文化』（創隆社）
葛井欣士郎ほか『遺言』（河出書房新社）

井ノ部康之『新宿・どん底の青春』（朝日新聞社）
アイラ＆泉美木蘭『AILARA』（Echelle-1）
東郷健『常識を越えて』（ポット出版）
塩澤幸登『平凡パンチの時代』（河出書房新社）
国立社会保障・人口問題研究所「第15回出生動向基本調査」
http://www.ipss.go.jp/ps-doukou/j/doukou15/doukou15_gaiyo.asp
『戦後史大辞典』（三省堂）
夏目漱石『こころ』（新潮文庫）
岡田尊司『働く人のための精神医学』（ＰＨＰ新書）
夏目鏡子述・松岡譲筆録『漱石の思い出』（文春文庫）
内藤ルネ『内藤ルネ自伝　すべてを失くして』（小学館）
戸板康二『あの人この人　昭和人物誌』（文春文庫）
富田英三『ゲイ』（東京書房）
川口晴美編・解説・山中ヒコイラスト『詩の向こうで、僕らはそっと手をつなぐ。』（ふらんす堂）
火災保険特殊地図
新宿区［２］歌舞伎町方面　１　１９５１年／都市製図社、［１９９９］（火災保険特殊地図（戦後分）［２］）
新宿区［４］新宿通方面　１　１９５１年／都市製図社、［１９９９］（火災保険特殊地図（戦後分）［２］）
東京都全住宅案内図帳新宿区／住宅協会∥編／住宅協会（１９６２）（１９６８）（１９６９）（１９７０）（１９７１）
鹿野由行「繁華街における周縁的セクシュアリティの受容過程――近現代大阪の「ゲイタウン」形成史――」（大阪大学　博士論文）
石田仁「戦後日本における「男が好きな男」の言説史――雑誌記事にみる表象とそれを支える解釈枠組みの変容――」（中央大学　博士論文）

©新潮社写真部
地図製作・錦明印刷株式会社

伏見憲明　1963（昭和38）年、東京都生れ。作家。慶應義塾大学法学部卒業。『プライベート・ゲイ・ライフ』『魔女の息子』など著書多数。2013年より二丁目にて「A Day In The Life」をオープン。

Ⓢ新潮新書

818

新宿二丁目《しんじゅくにちょうめ》

著　者　伏見憲明《ふしみのりあき》

2019年6月20日　発行

発行者　佐藤隆信

発行所　株式会社新潮社

〒162-8711　東京都新宿区矢来町71番地
編集部(03)3266-5430　読者係(03)3266-5111
https://www.shinchosha.co.jp

印刷所　錦明印刷株式会社

製本所　錦明印刷株式会社

ISBN978-4-10-610818-1　C0236